www.loqueleo.com/es

© 2007, Carlos Peramo
Autor representado por Silvia Bastos, S. L. Agencia Literaria
www.silviabastos.com
© 2007, Mikel Valverde
© De esta edición:
2020, Santillana Infantil y Juvenil, S. L.
Avenida de los Artesanos, 6. 28760 Tres Cantos (Madrid)
Teléfono: 91 744 90 60

ISBN: 978-84-9122-019-0
Depósito legal: M-37.575-2015
Printed in Spain - Impreso en España

Cuarta edición: julio de 2020

Directora de la colección:
Maite Malagón
Editora ejecutiva:
Yolanda Caja
Dirección de arte:
José Crespo y Rosa Marín
Proyecto gráfico:
Marisol del Burgo, Rubén Chumillas, Julia Ortega,
Álvaro Recuenco y Laura Ruiz

Las materias primas utilizadas
en la fabricación de este libro son reciclables
y cumplen ampliamente con la normativa
europea de sostenibilidad, economía circular
y gestión energética.

Cualquier forma de reproducción, distribución, comunicación
pública o transformación de esta obra solo puede ser realizada
con la autorización de sus titulares, salvo excepción prevista
por la ley. Diríjase a CEDRO (Centro Español de Derechos
Reprográficos, www.cedro.org) si necesita fotocopiar o escanear
algún fragmento de esta obra.

La bicicleta es mía

Carlos Peramo

Ilustraciones de Mikel Valverde

loqueleo

*Para ti, Amanda,
bienvenida a la familia.
Ahora ya puedes decir
que la bicicleta es tuya.*

1

Me llamo Daniel Rodríguez y una de las cosas que más me gustaban cuando era niño eran las matemáticas. Eso me convertía en un bicho raro, pero qué le vamos a hacer. A mí me parecían mucho más raros esos niños que se pasaban el día presumiendo de sus juguetes o de que su padre ganaba más dinero que nadie, como hacía Néstor Lembó. Lo que más me gustaba de las matemáticas era que, por ejemplo, nueve por nueve diera ochenta y uno, que ochenta más uno también diera ochenta y uno, y que nueve más nueve más nueve más nueve más nueve más nueve más nueve más nueve más nueve también diera ochenta y uno. ¿No te parece interesante?

También me gustaba escribir mi nombre en mis cosas, ir al fútbol con mi padre los sábados por la tarde y las judías verdes que cocinaba mi madre. Nadie me creía cuando decía que las judías verdes eran mi plato preferido. Y si encima decía lo de las matemáticas, pues peor. Me contestaban que era mentira, que no había ningún niño en el mundo que disfrutara con las matemáticas y con las judías verdes.

Y las dos cosas que menos me gustaban eran las mentiras y tener que jugar solo a la pelota. Por eso os voy a contar lo que me pasó cuando un día me di de narices con una mentira de las gordas.

Todo empezó cuando yo estaba a punto de cumplir once años y el viejo Canabaro colocó una bicicleta chulísima en el escaparate de su tienda. La tienda de bicicletas del vie-

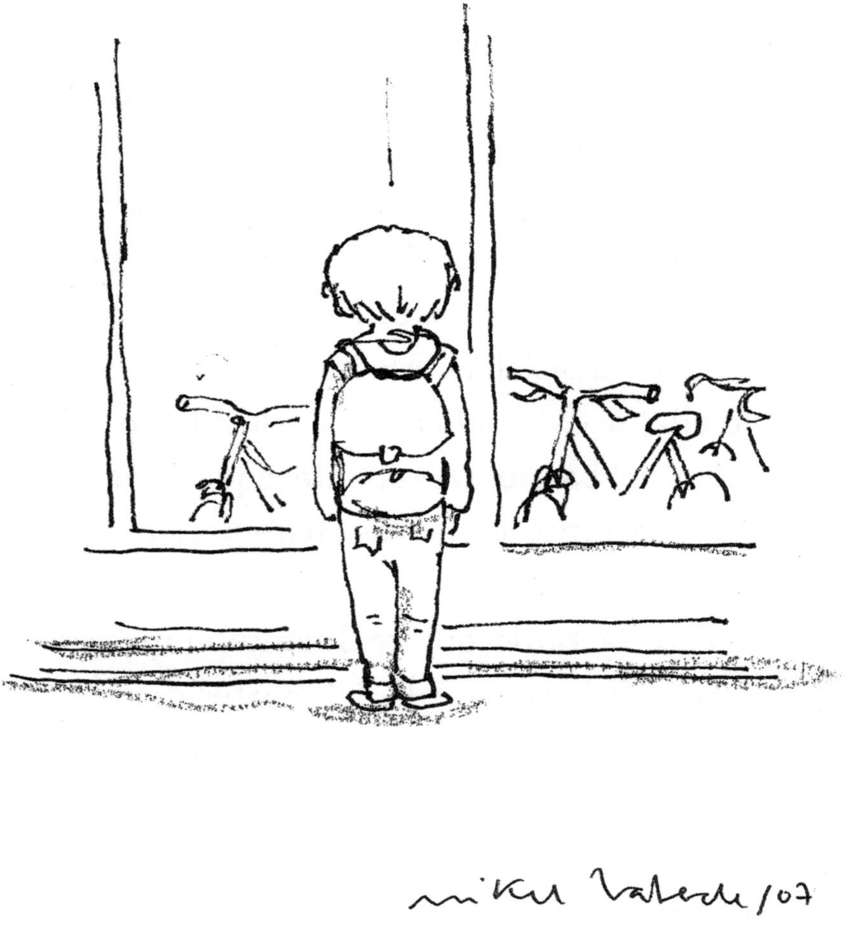

jo Canabaro se llamaba Manillares y Pedales y estaba en la calle donde yo vivía. Cuando vi la bici por primera vez me quedé alucinado. Estuve por lo menos cinco minutos sin poder apartarme del cristal del escaparate. ¡Era una bici increíble!

A partir de ese día, al volver cada tarde del colegio y antes de subir a casa, me paraba frente al escaparate de la tienda a contemplar la bicicleta. Me imaginaba montado en ella, pedaleando a toda velocidad por las calles del barrio. De repente, aquella bici me gustaba tanto como las matemáticas y las judías verdes. O más.

Pero la tarde que realmente empezaron a pasarme cosas fue la del martes dieciocho de febrero, cuando yo ya llevaba casi dos semanas pegando la nariz al escaparate del viejo Canabaro y pensando sin parar de qué manera podía ser mía aquella bici.

* * *

Aquel martes dieciocho de febrero, cuando me quedaban cincuenta metros para llegar al portal de mi edificio, eché a correr como cada tarde, dejé atrás los contenedores de basura de la esquina, pasé por delante de la casa de Néstor Lembó y llegué a la tienda Manillares y Pedales casi sin respiración. Me planté como siempre frente al escaparate y allí, en primera fila, reluciente como el sol, estaba la maravilla de las maravillas, la bicicleta de las bicicletas.

—Es chulísima —murmuré.

Me gustaba decir que era chulísima porque al decirlo me parecía aún más chula. Yo nunca había tenido una bicicleta, solo un triciclo cuando fui pequeño. Había tenido que aprender a montar en las bicis de mis amigos o en las de los compañeros de clase cuando me las dejaban.

—Te gusta, ¿eh?

Me aparté del escaparate. El viejo Canabaro había salido de la tienda y me miraba con una sonrisa, se estaba limpiando las manos con un trapo sucio de grasa. Era la primera vez que salía desde que yo miraba su escaparate.

—Sí —añadió; hacía tanto frío que le salía vaho de la boca—, tiene que gustarte mucho para venir a mirarla cada tarde. Es una Mondraker Ventura de ocho marchas, estructura de aluminio y frenos V-Brake Tektro. Una primicia mundial, chico. Seguro que ninguno de tus amigos tiene una bici como esta.

La sonrisa del viejo Canabaro se ensanchó. Canabaro tenía setenta y ocho años, era delgado como un cepillo de dientes y tan alto que rozaba el marco de la puerta con los cuatro pelos tiesos que le salían de la cabeza. Su tienda Manillares y Pedales estaba allí desde 1967, al menos eso decía el letrero. Si había alguien en el pueblo que sabía de bicicletas, ese era el viejo Canabaro.

—Tú eres el hijo de Rodríguez, ¿verdad? —preguntó mirándome más fijamente.

—Sí.

—¿Por qué no le dices a tu padre que te la compre?

Miré de nuevo hacia el escaparate. La bicicleta, o la Mondraker Ventura, como había dicho el viejo Canabaro, era roja brillante como un camión de bomberos, excepto el manillar, que era negro. Lo de pedirle a mis padres que me la compraran ya se me había pasado por la cabeza, pero habrían dicho que era muy cara, sobre todo mi padre, para quien todo era muy caro.

Le dije adiós al viejo Canabaro y me fui corriendo a casa. Pulsé el timbre del portero automático y subí las escaleras a la carrera. Vivía en un cuarto segunda y desde mi balcón se veían todos los tejados del pueblo, o casi todos, porque mi pueblo era Sant Feliu de Llobregat y tenía cuarenta mil habitantes. Mis padres decían que teníamos una vista preciosa desde el balcón. A mí me hubiese gustado más que se viese el mar, por ejemplo, aunque eso hubiese sido imposible del todo, ya que Sant Feliu de Llobregat no tenía mar. Alguna vez se lo había dicho a mis padres, y mi padre me había contestado enseguida que los pisos que daban al mar eran muy caros y que los muebles se estropeaban antes.

Al llegar a casa le di un beso a mi madre, fui a buscar la merienda a la cocina y me metí en mi habitación. Cogí la caja de Spiderman donde guardo los euros de mi paga semanal y los conté.

—Cuarenta y dos euros con sesenta y tres céntimos —dije al terminar.

La bicicleta costaba cuatrocientos doce euros, así que me faltaban... Cogí un folio de la impresora y un lápiz. ¡Jo, tío, era una resta chupada!

—Trescientos sesenta y nueve euros con treinta y siete céntimos.

Era imposible que pudiera comprármela con mis ahorros. Y mi paga era de tres euros a la semana, tardaría meses y meses en tener el dinero. Me arrepentí de haberme comprado tantas cosas estúpidas, como aquellos animales de goma o los minicoches de carreras. Si no me hubiese gastado ni un euro desde que me daban la paga, ahora tendría los cuatrocientos doce euros y habría podido comprarme la bici yo solo.

* * *

Salí a jugar un rato a la calle y me encontré con Néstor Lembó. Néstor Lembó tenía diez años como yo y también iba a mi clase. Era el único de la calle que vivía en una casa con jardín. A mí Néstor Lembó me caía bastante bien, pero me caía mal cuando empezaba a presumir de los juguetes que le compraba su padre, que era director de un banco y que, según Néstor, ganaba más dinero que nadie del barrio.

—Te he visto mirando la bicicleta, Daniel —me dijo cuando llegué a su lado—. ¿Le vas a decir a tu padre que te la compre?

—No.

Néstor estaba jugando con un coche teledirigido que tenía forma de tiburón.

—¿Te gusta mi coche? —preguntó—. Me lo ha traído mi padre de su viaje de negocios a Alemania. ¿Tu padre ha estado en Alemania de viaje de negocios?

—Sí.

—¡Qué mentiroso eres, tío! —rio sin dejar de conducir el coche-tiburón por la acera.

—¡Y tú qué! —exclamé enfadado.

Pero Néstor tenía razón. Mi padre trabajaba en un taller mecánico del polígono Matacás y todo el trabajo lo hacía allí. Como

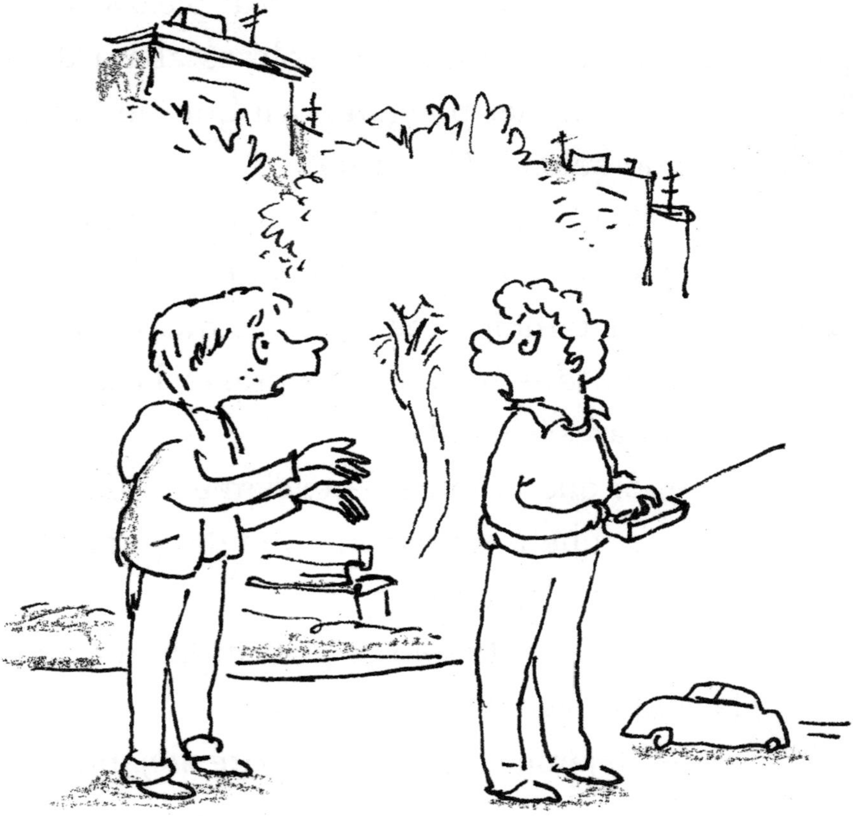

mucho iba a Barcelona a buscar piezas de recambio, pero Barcelona solo estaba a doce kilómetros del polígono, así que no era lo mismo que ir a Alemania.

—Yo sé que tu padre trabaja en un taller porque me lo ha dicho mi padre —dijo Néstor—. Y también me ha dicho que tu padre no tiene dinero para comprarte la bici de Manillares y Pedales.

—¡Sí que lo tiene! —exclamé—. ¡Lo que pasa es que a mí esa bici me da igual! ¡No me gustan las bicis!

—Claro. A ti solo te gustan las mates y las judías verdes, ¿no?

—¡Déjame en paz! —le grité alejándome de él.

Néstor detuvo el coche-tiburón junto al bordillo, lo cogió y me persiguió por la acera.

—Venga, tío —dijo—, no te enfades, que lo decía de broma.

Nos sentamos sobre la valla del solar vacío donde a veces entrábamos a perseguir gatos. Néstor tenía una de sus tardes malas, estaba especialmente pesado, pero me quedé porque aún no me apetecía subir a casa.

Al cabo de un rato de estar allí sentados, Néstor dijo:

—¿Te gustaría jugar con mi coche teledirigido?

El coche-tiburón era chulísimo, sobre todo la boca abierta y los dientes puntiagudos. Yo también tenía en casa un coche teledirigido, pero era un *jeep* pequeño que apenas corría. El coche-tiburón de Néstor era mucho más espectacular.

—Bueno.

—Te lo dejo si me haces los deberes de mates.

Salté al suelo.

—No voy a hacerte los deberes de Matemáticas —dije.

—¿Por qué?

—¡Porque si te los hago yo, no puedes decir que los has hecho tú, jolín! —me enfadé.

—¿Y por qué no?

—¡Porque es una mentira, tío!

—¿Y qué? —se desesperaba Néstor.

—¡Pues que es una mentira y basta!

—¡Voy a suspender, Daniel! —exclamó Néstor saltando también al suelo—. ¡No me salen esas divisiones ni esas multiplicaciones ni nada que tenga números! ¡Si no me ayudas voy a suspender! ¡Y mi padre no soporta que suspenda mates! ¡Dice que lo hago a propósito y que así nunca seré un banquero como Dios manda!

Quise irme y me agarró del brazo.

—¡Por favor, Daniel! —insistió.

—¡Déjame en paz! —exclamé dando un tirón y zafándome de su mano.

—¡Eres un idiota!

Me alejé corriendo, pasé por delante de Manillares y Pedales sin querer mirar el escaparate y entré en mi edificio. ¡Qué morro tenía Néstor!

* * *

A la hora de la cena, cuando estábamos comiéndonos el postre, miré a mi padre y le pregunté:

—Papá, ¿tú y mamá tenéis cuatrocientos doce euros en el banco?

Mi padre dejó de comer el flan, miró a mi madre y los dos se echaron a reír.

—¿A qué viene esa pregunta? —dijo mi padre.

—¿Los tenéis o no?

—Bueno —sonrió él—, la verdad es que tenemos algo más que cuatrocientos doce euros. Pero en cuanto paguemos la hipoteca de este mes y los demás recibos, nos quedaremos de nuevo a cero hasta que yo vuelva a cobrar.

Bajé la cabeza y miré cómo asomaba ya el caramelo del flan desde el fondo de la tarrina.

—¿Por qué lo preguntas, hijo? —quiso saber mi madre.

—Por nada —contesté sin mirarla.

—No me lo creo —dijo ella—. Tú nunca preguntas las cosas por nada.

Tragué saliva.

—Es por la bicicleta —murmuré.

—¿La bicicleta? —dijo mi madre—. ¿Qué bicicleta?

—La bicicleta de Manillares y Pedales.

Levanté la cabeza y vi cómo mis padres se miraban en silencio.

—Y esos cuatrocientos doce euros... —dijo mi padre poniendo esa cara que pone cuando está adivinando algo—, ¿es el precio de la bicicleta?

—Sí —respondí.

—Pues ya puede ser buena, ya —añadió él—. Cuatrocientos doce euros es casi como la hipoteca del piso.

No dije nada más y mis padres se pusieron a hablar de otra cosa.

2

Tres semanas después, el diez de marzo, cumplí once años. Por la tarde salí corriendo del colegio porque sabía que en casa, como cada año, mis padres estaban esperándome con los regalos.

Pulsé el timbre del interfono y subí las escaleras de dos en dos. Al entrar en casa lo encontré todo muy silencioso, incluso las persianas del comedor estaban medio bajadas.

—¿Mamá? —pregunté a la oscuridad.

Di dos pasos más y me apoyé en el respaldo del sofá. Ni rastro de regalos. ¿Se habrían olvidado?

—¿Mamá? ¿Papá? —repetí—. ¿Dónde estáis?

De repente se encendieron las luces del comedor y me llevé un susto de muerte. ¿Quién las habría encendido? Miré a mi alrededor y entonces, entre el sofá y la mesilla del café, vi lo que nunca habría esperado ver.

¡La bicicleta! ¡La Mondraker Ventura del viejo Canabaro! ¡La bicicleta de las bicicletas!

Me acerqué a ella, la toqué. ¡No me lo podía creer! ¡La bicicleta que tantas veces había mirado en el escaparate de Manillares y Pedales estaba allí en mi comedor!

—¡Feliz cumpleaños! —exclamó alguien a mi espalda.

Me di la vuelta y me encontré con la sonrisa de mis padres. ¡Habían estado escondidos en la cocina! Se acercaron a mí, me dieron unos cuantos besos, sobre todo mi madre, que a veces se ponía un poco pesada con los besos, y nos hicimos unas fotos con la Mondraker Ventura.

—¡Venga! —dijo mi padre dando una palmada—. ¡Vamos a probarla!

Nos fuimos los tres a la calle y yo enseguida monté sobre el sillín y empecé a pedalear. ¡Qué suave funcionaba todo! Fui hasta los contenedores de la esquina, di la vuelta con cuidado, hice sonar la bocina de aire y pedaleé hasta donde me esperaban mis padres.

—¡Es chulísima! —exclamé al pasar junto a ellos.

Me puse de pie sobre los pedales para darme más impulso, pero tuve que volver a sentarme porque perdía el equilibrio. Tendría que acostumbrarme.

Al pasar frente a Manillares y Pedales, vi al viejo Canabaro observándome a través del cristal de la puerta. Por apartar la vista del manillar estuve a punto de irme de bruces al suelo o, peor aún, de chocar contra los coches aparcados.

—¡Ten cuidado! —me gritó mi madre desde el portal del edificio—. ¡No vayas tan deprisa!

—¡Si voy muy despacio! —contesté.

Era verdad: iba muy despacio. Mis compañeros de clase iban muchísimo más rápido, y además sabían levantar la rueda delantera, pedalear sin manos y esquivar cosas a toda velocidad.

Pasé junto a mis padres y los saludé con una mano. La bicicleta se me desvió hacia la derecha y agarré el manillar otra vez con las dos manos. ¡Uf, no me había comido una farola de milagro!

Di la vuelta en la esquina del solar y recorrí de nuevo la calle, más despacio. Al llegar a Manillares y Pedales, me di cuenta de que el viejo Canabaro había salido de la tienda y me hacía gestos para que me detuviera.

—¡Para, chico! —gritaba—. ¡Para!

Apreté los frenos con ambas manos y estuve a punto de salir volando por encima de la bicicleta.

—Frena con suavidad, chico —dijo el viejo Canabaro acercándose a mí—. Estos frenos son una primicia mundial, ¿sabes? Si no los utilizas bien, te abrirás la cabeza.

Llegó junto a mí, se frotó las manos en el delantal sucio y luego dio unos golpes suaves sobre el manillar.

—Buen regalo, ¿eh? —sonrió repasando uno de los cables de freno con la punta de su dedo índice, un dedo huesudo y torcido—.

Deja que te explique un par de cosas antes de que te lances a correr como un loco. ¿Sabes cómo funciona el cambio?

—¿El qué?

—El cambio —repitió, y al ver que yo no lo entendía, añadió—: ¡Las marchas!

—Ah, las marchas. Sí, más o menos.

—¿Más o menos? —dijo el viejo Canabaro moviendo la cabeza—. Más o menos es como decir que no tienes ni idea. Esta bicicleta cuesta un montón de euros, chico. Si la conduces más o menos y te la cargas, a tu padre le da un ataque.

Entonces me hizo bajar de la Mondraker Ventura y me explicó cómo funcionaban las marchas y cómo había que utilizar los frenos, me dijo cada cuánto tiempo tenía que revisar la presión de los neumáticos y los productos que tenía que utilizar para mantener la bicicleta limpia.

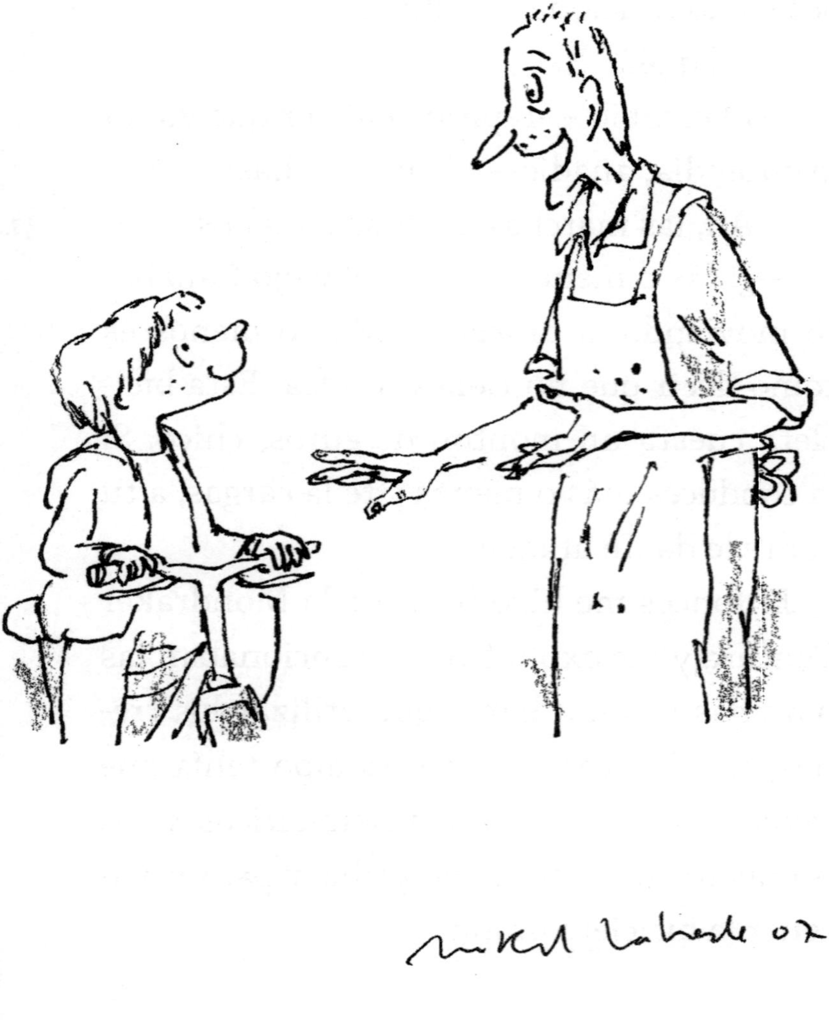

—¿Podrás recordarlo todo? —preguntó al terminar.

—Sí —contesté.

—Así me gusta —dijo revolviéndome el pelo con una de sus manos llenas de huesos—. ¿Cuántos años cumples?

—Once.

El viejo Canabaro sonrió y asintió sin decir nada más. Monté de nuevo sobre el sillín, afiancé el pie derecho en el pedal y me di impulso calle abajo. ¡Qué guay sentir el aire contra la cara! ¡Era como volar en la mejor bicicleta del mundo!

* * *

A la tarde siguiente, bajé con la Mondraker Ventura a la calle y Néstor Lembó estaba esperándome sobre la valla del solar para ver si era verdad eso que yo había dicho en el colegio de que mis padres me habían comprado la bicicleta de Manillares y Pedales. Por primera vez sería yo quien presumiera de algo y Néstor quien se muriese de envidia.

—¡Bah! —dijo él cuando llegué a su lado y le enseñé la bicicleta—. Es una bici normal.

—¡No es una bici normal! —repliqué—. ¡Es una primicia mundial!

—Es una caca, tío.

—¡Lo que pasa es que tienes envidia!

Néstor saltó al suelo de mala gana. Me di cuenta de que se había traído de casa un montón de juguetes y los tenía allí amontonados junto a la valla: el coche-tiburón, el robot que disparaba flechas, la Game Boy, películas en DVD...

—¡Cómo voy a tener envidia, si tengo juguetes mucho mejores que los tuyos! —sonrió sentándose junto a sus cosas—. ¿A que tú no tienes ningún coche teledirigido con forma de tiburón?

—Con forma de tiburón, no, pero tengo un *jeep*.

—Ni una Game Boy.

—No —contesté muriéndome de ganas de darle una patada a la Game Boy.

—Ni tampoco tienes DVD.

—¡Sí tengo DVD, y también tengo cinco películas!

—¡Pues yo tengo ciento veintitrés DVD, y pronto tendré más!

Me quedé en silencio. Néstor se puso a mirar sus DVD como si no los hubiese visto nunca. Me daba rabia no saber qué decirle. Al final, se me ocurrió.

—Bueno, vale —le dije—, tú tienes todas esas cosas que yo no tengo, pero ¿sabes una cosa?

—¿Qué?

—Que yo tengo esta bicicleta y tú no.

Néstor puso cara de estar enfadándose.

—Vete —dijo—, que estoy mirando mis DVD.

—Y además he sacado un nueve en Matemáticas —añadí—. Y tú, un dos y medio.

Néstor levantó bruscamente la cabeza. Se había puesto rojo como un tomate.

—¡He dicho que me dejes en paz! —exclamó.

Monté en la bicicleta y me alejé con una sonrisa.

* * *

Por la noche, después de ducharme y mientras mi madre preparaba la cena, me puse a hacer los deberes de Naturales y de Matemáticas. Primero hice los de Naturales porque me gustaban menos; luego terminé los de Matemáticas en un santiamén. ¿Por qué a Néstor le costaría tanto hacerlos, si estaban chupados?

—¡Daniel, ven un momento!

Al oír la voz de mi padre, guardé los libros en la mochila y salí de la habitación. Mi padre estaba en el cuarto de estar. Yo no entendía por qué le llamaban cuarto de estar, si en realidad era el cuarto trastero; incluso mi madre decía a veces que parecía el almacén de un chatarrero. Entré y vi que mi padre había apartado unos cuantos trastos y había dejado un hueco libre junto a la pared.

—Guardaremos la bici aquí —dijo.

Metimos la Mondraker Ventura en el cuarto, la arrinconamos junto a la pared y puse el caballete.

—Perfecto —sonrió mi padre—. Y ahora a lavarte las manos, que la cena ya está casi lista.

—Ahora voy —dije buscando con la mirada el taburete que utilizábamos para llegar a los estantes más altos—. Primero tengo que hacer una cosa.

—No empieces con tus cosas de última hora.

—Jo, papá, que voy enseguida.

—Que no tenga que llamarte otra vez —me advirtió saliendo del cuarto.

Cuando me quedé solo, cerré la puerta. Trepé sobre el taburete y cogí del tercer estante la caja de herramientas. La abrí y busqué el punzón de hierro que a veces había visto utilizar a mi padre. Cuando lo encontré, tumbé la bicicleta en el suelo y me incliné sobre ella. Agarré con fuerza el punzón y, debajo del sillín, escribí:

Daniel

¡Perfecto! Si algún día tenía que demostrar que era mía, sería muy fácil. Como también sería muy fácil, por ejemplo, con el balón de fútbol que me habían regalado el año anterior, ya que había escrito ocho veces mi nombre en él con rotulador negro.

3

Tres días después, cuando regresé de la escuela por la tarde, me encontré a mis padres sentados en el sofá. Al dejar la mochila en el suelo y acercarme a darles un beso, me di cuenta de que mi madre tenía los ojos rojos de llorar.

—¿Qué pasa? —pregunté un poco asustado.

—Papá se ha quedado sin trabajo —dijo ella llevándose un pañuelo a la boca.

Me quedé de piedra. ¿Cómo era posible que mi padre se hubiese quedado sin trabajo? ¡Si llevaba un montón de años en el taller!

—¿Por qué? —pregunté.

—Porque cierran el taller —respondió mi madre.

—¿Y por qué lo cierran?
—Porque sí, Daniel —dijo mi padre de mal humor—. Vete a hacer los deberes, anda.
—Hoy no tengo —dije.
—¡Pues vete a hacer lo que sea!
Recogí la mochila y me fui a la habitación.

* * *

A partir de ese día, intenté no molestar demasiado a mi padre, ya que se pasaba muchas horas sentado en silencio en el sofá, viendo la televisión o mirando por la ventana. Si lo distraías se enfadaba enseguida. No me gustaba cuando mi madre, por ejemplo, tenía que pedirle cien veces que se afeitara, que la ayudase con la compra, que arreglara esto o aquello. Era como si mi padre se hubiese convertido en un fantasma.

Casi cada noche, desde la cama, los oía discutir en el comedor y me asustaba un poco. El tema casi siempre era el dinero. Mi madre le decía a mi padre que saliera a buscarse un trabajo en lugar de pasarse el día entero en casa. Y mi padre contestaba que tenía casi cuarenta años y que no le iban a dar un trabajo así como así.

* * *

El sábado de Semana Santa por la tarde mis padres se pusieron a discutir muy fuerte en la cocina. Me asusté y cerré la puerta de la habitación. Me tumbé boca arriba en la cama y me tapé los oídos para no oírlos, pero continué oyéndolos igual.

Poco después, la puerta se abrió de repente y di un salto en la cama. Mi padre apareció en el umbral con los ojos muy abiertos, el pelo revuelto y la cara roja.

—Daniel —dijo—. Hoy no puedo ir contigo al campo de fútbol.

—¿Por qué?
—Porque no puedo. Hoy irás con mamá.
—¿Con mamá? —me extrañé—. Pero si a mamá no le gusta el fútbol.
—No importa. Irás con ella.
Me puse de pie. Aquello era una tontería.
—Pero yo quiero ir contigo, jolín —protesté.
—¡He dicho que irás con mamá y punto!
Resoplé y me crucé de brazos. A veces era un rollo ser niño, todo el mundo diciéndote lo que tenías que hacer y lo que no.
—Llévate la bici, si quieres —añadió mi padre antes de salir del cuarto.

* * *

Mi madre y yo llegamos al campo de fútbol quince minutos después. Estaba nublado y hacía un poco de frío. Habíamos hecho el trayecto en silencio, yo sobre la bicicleta y mi madre andando por la acera. A mí lo que más me gustaba de ir al campo de fútbol del pueblo a ver el partido de los sábados era comentar las jugadas con mi padre y elegir entre los dos a los mejores jugadores del partido. ¿Cómo iba a comentar el partido con mi madre? ¡Si ella no tenía ni idea! ¡Si ni siquiera sabía lo que era un fuera de juego!

—Te aburrirás, mamá —le dije mientras entrábamos en el campo—. Tendría que haber venido papá.

—No seas pesado, Daniel —dijo ella muy seria—. Ya te ha dicho papá que no podía venir.

—Pero ¿por qué? —insistí—. Si es sábado y no tiene que ir a ningún sitio.

—¡Hoy sí! —exclamó—. ¡Y no insistas más!

Me callé y nos sentamos en la parte más alta de las gradas del campo, que eran de cemento y estaban llenas de cáscaras de pipas y envoltorios de caramelos. Coloqué la Mondraker Ventura delante de mí en el mismo instante en que los jugadores saltaban al terreno de juego.

—Mejor colócala detrás —dijo mi madre—. Aquí delante te la pueden romper de un pelotazo.

—No le darán ningún pelotazo, mamá. Yo la vigilo.

—He dicho que la coloques detrás.

—Pero...

—¡Nada de peros! —exclamó ella—. ¡Qué te pasa hoy, Daniel, que estás tan pesado!

Me puse de pie de mal humor, cogí la bici y la puse detrás de mí. ¿Por qué me llamaba pesado, jolines, si la pesada era ella?

El árbitro dio comienzo al partido y muy pronto, seis minutos después, el Sant Feliu marcó el primer gol.

—¡Goool! —grité dando un salto—. ¡Goool!

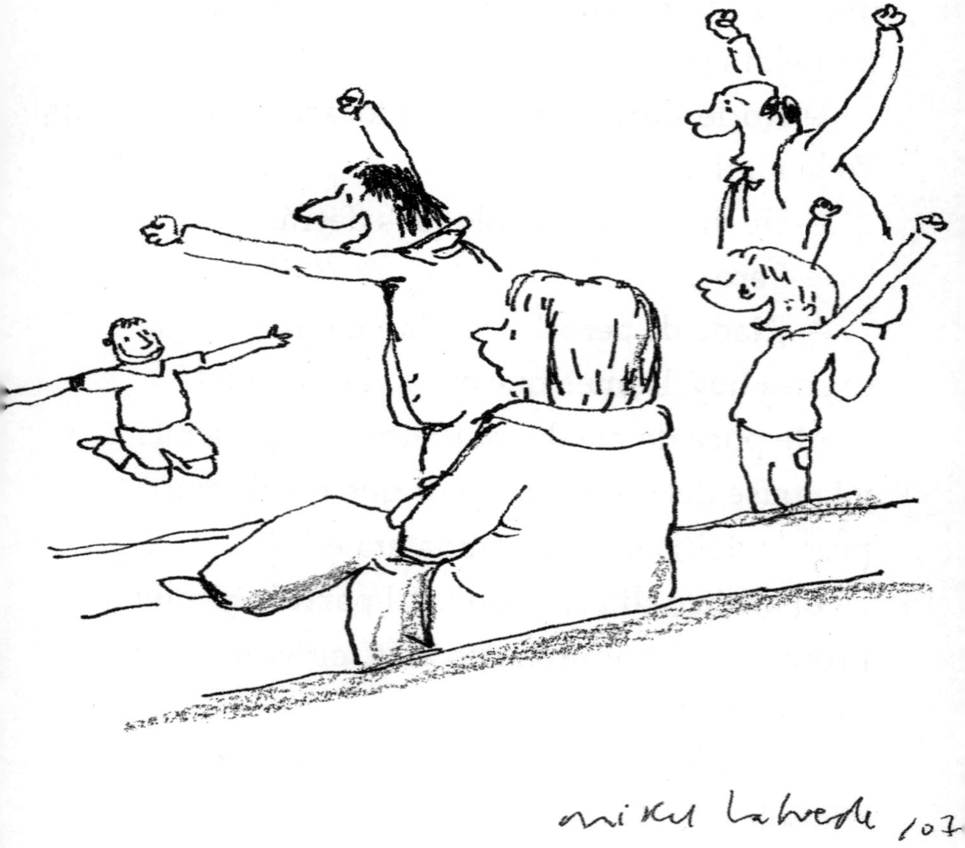

Miré a mi madre para ver si lo celebraba también, pero ella ni siquiera se había levantado del asiento, solo aplaudía un poco.

—¡Ha sido Balboa, mamá! —le informé.

—¿Quién es Balboa? —preguntó ella mirando el campo con cara de no enterarse de nada; seguro que todos los jugadores le parecían iguales.

—¡El once, mamá! ¡El máximo goleador del Sant Feliu!

—Ah, el once.

Fue una primera parte muy emocionante. Cuando terminó, respiré aliviado: ¡por el momento, ganábamos uno a cero!

—¿Vamos a beber una limonada, mamá? —dije levantándome—. Papá y yo siempre vamos a beber una limonada durante el descanso.

—¿Qué? ¿Una li... limonada? —exclamó ella, que estaba como si acabaran de darle un buen susto—. Ah, una limonada, de acuerdo, de acuerdo.

—Mamá, ¿te pasa algo?

—No, hijo, no —sonrió ella—. Es que esto del fútbol es tan aburrido. Además —añadió cruzándose de brazos y levantando la mirada hacia el cielo—, tengo frío y está a punto de llover.

—Ya te dije que tendría que haber venido con papá.

—No empieces otra vez. Venga, vamos a tomar la limonada.

Y entonces, al ir a coger la bicicleta, me quedé paralizado.

¡La Mondraker Ventura había desaparecido!

—¡Mamá! —grité—. ¡La bicicleta!

—¿Qué le pasa a la bicicleta?

—¡Que no está, mamá!

—¡Dios mío! —exclamó ella—. ¡Dios mío, Daniel!

Miré a un lado y a otro entre la gente. Vi algunas bicicletas, pero ninguna de ellas era la mía.

—¡Se la han llevado, mamá, se la han llevado!

Empecé a correr a lo largo de las gradas en dirección a la salida. Choqué con un montón de gente. Al salir a la calle miré rápidamente a derecha e izquierda. «¡Mi bici, por favor! —pensé—, ¡que me devuelvan mi bici!». Mi madre llegó a mi lado unos segundos después.

—¡No la veo, mamá! —grité tirándole del vestido—. ¡No está! ¿La ves tú?

—No, hijo —contestó ella—. No la veo.

—¡Quiero mi bici, mamá! ¡Es mía! ¡Tenemos que encontrarla!

—Es que los que roban bicicletas son muy rápidos, hijo, quién sabe dónde estarán ahora. A pie no los alcanzaríamos nunca.

Di tres o cuatro pasos, me apoyé en un coche aparcado y comencé a llorar. Mi madre se acercó y me abrazó. Me dieron ganas de dar patadas a cualquier cosa, ganas de romper algo. Apreté los puños y, con la cabeza recostada en el pecho de mi madre, cerré con fuerza los ojos.

—Vamos a buscar el coche —dije al cabo de unos instantes.

—¿Qué?

—Has dicho que a pie no los alcanzaríamos nunca, ¿no? Pues vamos a buscar el coche.

—El pueblo es muy grande, Daniel —echó a andar tras de mí—. El ladrón puede haber ido a cualquier parte. No lo encontraremos nunca.

—¡Me da igual, jolín! ¡Yo quiero mi bici!

Llegamos a casa en menos de cinco minutos. Yo me quedé en el portal de la calle mientras mi madre subía a por las llaves del coche. No tardó nada en volver a bajar.

—¿Y papá? —pregunté al ver que volvía sola.

—No está. Venga, vámonos.

Montamos en el coche y partimos a toda velocidad. Bajé el cristal de la ventanilla, saqué fuera la cabeza y empecé a mirar por todas partes.

—¡Así te vas a resfriar! —me pareció que me avisaba mi madre.

—¡No corras tanto! —exclamé—. ¡Si vas tan rápido no veo nada!

Cada vez que distinguía una bicicleta roja el corazón me daba un salto y le pedía a mi madre que frenara. Sin bajarme del coche, observaba detenidamente la bicicleta buscando las palabras Mondraker Ventura en el aluminio del cuadro. Un montón de bicicletas rojas después, comencé a ponerme muy nervioso. ¡Nunca hubiese imaginado que pudiera haber tantas bicicletas rojas en el pueblo! ¿Y quién tendría la mía?

Una hora después, mi madre detuvo el coche en el aparcamiento de la estación de la Renfe y paró el motor. Me dejé caer sin fuerzas en el asiento. Estaba un poco mareado, me dolían los ojos de tanto moverlos hacia todas partes y tenía la cara congelada a causa del aire.

—Lo siento, hijo —dijo ella acariciándome el pelo—. Lo siento mucho.

Una gota de lluvia cayó sobre el parabrisas del coche y enseguida se puso a llover con fuerza. Cerré la ventanilla.

* * *

Aquella noche, apenas cené. Sentado a la mesa, escuchaba la lluvia y los truenos y me preguntaba si mi bici se estaría mojando sin que nadie la cuidara. Mi padre me prometió que al día siguiente saldríamos temprano con el coche a dar otra vuelta por el pueblo.

—Vale —contesté.

—Pero será mejor que te hagas a la idea de que no la vamos a encontrar —añadió—. Si te haces ilusiones, el disgusto será mayor.

Dije que sí con la cabeza sin apartar la mirada del plato de sopa. No tenía fuerzas ni para levantar la cuchara.

Me fui a la cama sin sueño. Solo deseaba que fuese ya domingo por la mañana. Estaba seguro de que íbamos a encontrar la Mondraker Ventura. ¡Teníamos que encontrarla!

* * *

El domingo nos levantamos temprano y recorrimos todas las calles del pueblo una y otra vez. Ya no llovía, pero el suelo estaba aún mojado y brillaba. Gastamos medio depósito de gasolina, pero la Mondraker Ventura no apareció.

—Ya te lo dije —comentó mi padre.

Por la noche, soñé que la bicicleta volvía a estar en el cuarto de estar-trastero, apoyada sobre el caballete, más limpia que nunca.

4

El martes por la mañana, en el colegio, hice como si no hubiese ocurrido nada. No quería que nadie se enterase de que me habían robado la bicicleta, y menos aún que se enterara Néstor Lembó, que se pasaría el día llamándome idiota y riéndose de mí.

Por la tarde llegué corriendo a casa y fui directo al sofá, donde estaba mi padre mirando la televisión.

—¡Venga, papá! —exclamé tirando la mochila al suelo—. ¡Vamos a ver si encontramos la bici!

—Llevamos dos días dando vueltas por el pueblo —dijo él sin apartar la mirada del televisor—. Ya no la encontraremos. Los ladrones pueden ser muchas cosas, Daniel, pero no tienen un pelo de tontos. No van a estar dando vueltas por ahí con una bici robada. Lo más seguro es que ya la hayan pintado de otro color o la hayan desmontado. A veces roban las bicicletas para vender las piezas.

¡Mi Mondraker Ventura desmontada! ¡Era horrible! Tan solo de imaginarme el sillín por un lado, el cuadro por otro, los pedales por otro, los frenos por otro y las ruedas por otro, me puse furioso.

—¡Tenemos que salir a buscarla ahora mismo, papá! —insistí—. ¡Si la desmontan ya no podremos encontrarla nunca!

Mi padre movió la cabeza.

—Ya te dije que era mejor que te hicieras a la idea —dijo mientras iba cambiando los canales del televisor a toda velocidad—. La bicicleta ya no va a aparecer.

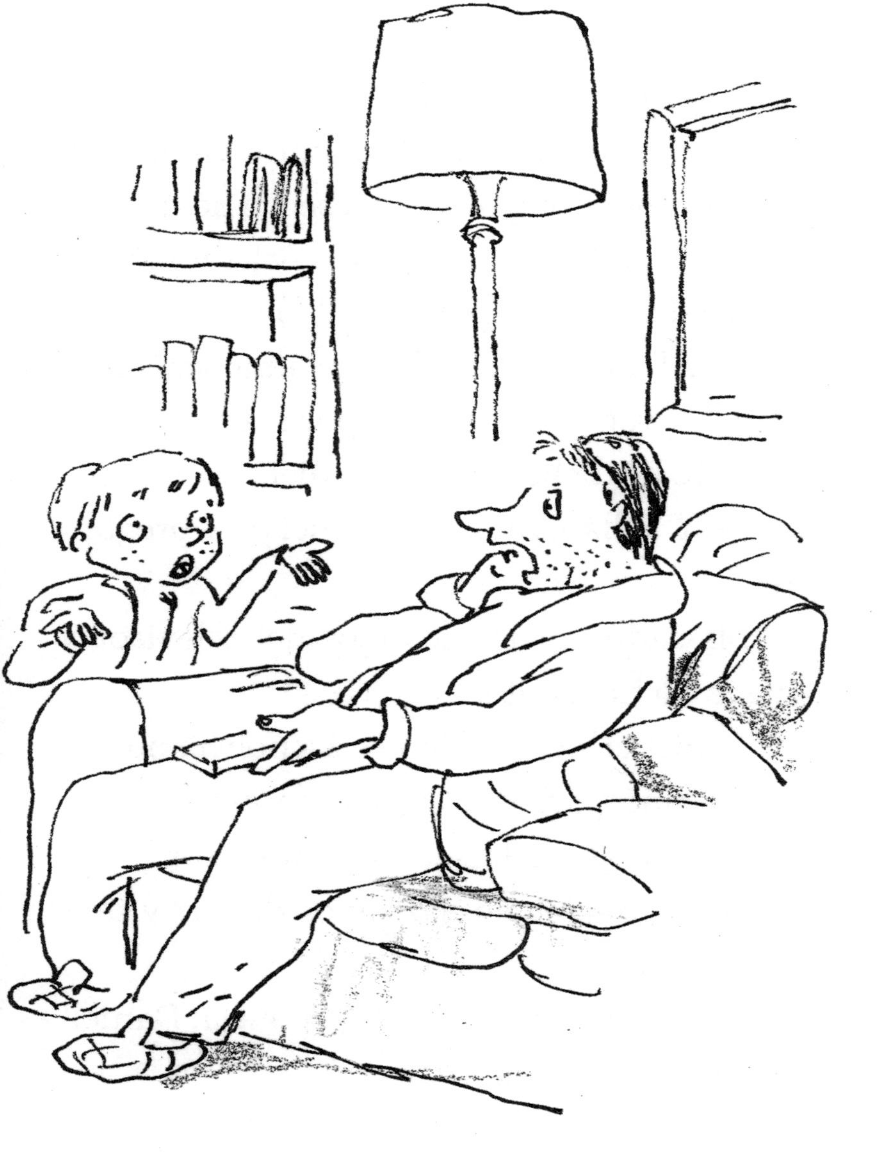

¿Por qué mi padre se rendía tan fácilmente? Yo no quería quedarme allí en casa mientras los ladrones desmontaban mi bici. «Ojalá fuese mayor y tuviese carné de conducir —pensé—, cogería el coche y me iría solo a dar vueltas por el pueblo».

—¡Al menos busquemos una vez más, papá! —rogué cogiéndolo por el brazo.

—Te he dicho que no, Daniel.

—¿Y si llamamos a la policía? —pregunté.

Mi padre apartó los ojos del televisor y me miró fijamente.

—¿Estás loco? —dijo—. La policía no tiene tiempo para encargarse de estas cosas. Nos dirán que la busquemos nosotros.

—A lo mejor no. Podemos llamar y preguntárselo.

—¡No vamos a llamar a la policía, Daniel! ¡Quítatelo de la cabeza!

—Pero ¿por qué no, jolín? ¡Es mi bicicleta!

—¡Ya sé que es tu bicicleta! —exclamó él subiendo la voz y poniéndose de pie—. ¡Y yo la compré! ¡Así que también me duele haberla perdido! ¡Nos costó muchos euros, Daniel, muchos!

No supe qué más decir. Mi padre se puso los zapatos, dijo que salía un momento y se marchó dando un portazo. Mi madre apareció en el comedor con un montón de ropa recién planchada y me dijo:

—No hagas enfadar a tu padre, hijo. Ya sabes que lo está pasando muy mal con eso del trabajo.

—¡Pues yo lo estoy pasando muy mal con lo de la bicicleta!

—No es lo mismo.

—¡Sí es lo mismo!

—¿Por qué no vas un rato a jugar a la calle? Así te distraerás.

—No tengo ganas —contesté, y me fui a mi habitación.

* * *

A la mañana siguiente desperté mareado y con dolor de cabeza. Mi madre me puso el termómetro.

—Tienes fiebre —dijo.

El médico vino a media mañana a visitarme y nos dijo que solo se trataba de un malestar pasajero, seguramente a causa de alguna comida que me había sentado mal. A mí lo único que me había sentado mal era que nadie me ayudara a encontrar mi bici. El médico me recetó un jarabe y me recomendó que guardara al menos dos días de reposo.

Fueron dos días muy largos, muy pesados. De nada sirvió que mi padre me pusiera frente a la cama el televisor pequeño que ellos tenían en el dormitorio y yo me pasara horas viendo dibujos animados y películas, de nada sirvió jugar docenas de partidas de *El señor de los anillos* en el ordenador ni toquetear todos mis juguetes hasta aburrirme. No pude dejar de pensar en la Mondraker Ventura. ¡Estaba claro que la había perdido para siempre!

El viernes por la mañana me levanté a toda prisa. ¡Por fin podía salir a la calle! Me vestí, me bebí el vaso de leche del desayuno de un trago y salí de casa a la carrera. Llegué al colegio diez minutos antes de lo habitual.

En el recreo, Néstor Lembó se acercó a mí y me preguntó:

—¿Has estado enfermo?

—Sí.

—Te han robado la bici, ¿verdad? —dijo.

Lo miré fijamente y pensé: «Si le da por reírse, le parto la cara».

—El otro día tu padre le dijo a mi padre que te la habían robado en el campo de fútbol —añadió sin reírse.

Me apoyé en el poste de una de las porterías de fútbol del patio. Le di un mordisco al bocadillo y me costó muchísimo tragarme el trozo de pan y la rodaja de salchichón.

—Yo sé dónde está tu bici —dijo entonces Néstor.

Dejé de masticar el bocadillo.

—¿Qué has dicho? —pregunté.

—Que sé dónde está tu bici.

—¿Dónde? —le exigí; no me lo podía creer. ¡Mi bici!

—Esta tarde te lo diré —respondió él, y se alejó hacia los demás compañeros de clase.

* * *

Por la tarde, en cuanto sonó el timbre que indicaba el final de las clases, me levanté y me dirigí al pupitre de Néstor.

—Venga, tío —le dije cogiéndolo por la camiseta—. Enséñame dónde está mi bici.

Salimos de la escuela. Al cabo de un rato me di cuenta de que estábamos yendo por las mismas calles de cada día.

—¿Adónde vamos? —pregunté.

—A ver tu bici.

—Este es el camino de casa.

—Tú sígueme y calla, o te quedarás sin bici para siempre.

Cinco minutos después, efectivamente, llegamos a nuestra calle. Yo estaba ya tan nervioso que le di un golpe a Néstor en el brazo.

—¡Me has engañado! —exclamé—. ¡No sabes dónde está! ¡Eres un idiota!

Néstor echó a correr a lo largo de la calle. Yo lancé un grito de rabia y me fui tras él dispuesto a tirarle la mochila por la cabeza.

Néstor se detuvo en seco y choqué contra él, casi caímos los dos al suelo. Yo estaba ya levantando la mochila para arrearle, cuando Néstor señaló algo con la mano izquierda y dijo:

—Mira.

Miré hacia donde señalaba el dedo de Néstor: la tienda Manillares y Pedales del viejo Canabaro. En un primer momento, creí que aquello también formaba parte de la broma, pero luego me pareció ver algo conocido detrás del cristal del escaparate. Dejé la mochila en el suelo y me acerqué. El objeto que fue ganando forma detrás de los cristales hizo que el corazón me diese tres triples mortales dentro del pecho.

¡Era mi Mondraker Ventura!

Apoyé la frente en el cristal e hice pantalla con las manos para evitar los reflejos del sol. ¡Sí, allí estaba, roja como un camión de bomberos, el manillar negro y la bocina de aire! ¡Por fin la había encontrado!

Arranqué a correr, llamé al timbre de casa y subí las escaleras de dos en dos. Llegué arriba tan cansado que pensé que nunca podría volver a respirar.

—¡He encontrado la bici! —grité al comedor vacío—. ¡Papá, mamá, he encontrado la bici!

Mis padres aparecieron unos segundos después vestidos con ropa vieja y manchados de pintura. Estaban pintando el pasillo.

—¿De qué estás hablando? —dijo mi padre con la brocha de pintura en la mano.

—¡Mi bici! —repetí—. Mi Mondraker Ventura. ¡La he encontrado! ¡Está en la tienda del viejo Canabaro!

Se miraron en silencio. Luego mi padre dejó la brocha dentro de un cubo de agua, se secó las manos con un trapo y dijo:

—Mira, Daniel, ya empiezo a estar harto de esta historia de la bicicleta.

—¡Pero la he visto, papá! ¡Está en el escaparate de Manillares y Pedales!

—Estas bicicletas las fabrican en serie, Daniel. ¿Sabes lo que significa eso?

—No.

—Pues que fabrican miles de ellas a la vez, ¿entiendes? No una ni dos, sino miles. La que has visto en la tienda no es más que otra bici igual a la tuya que el viejo Canabaro habrá sacado del almacén. ¿Y sabes qué ocurrirá cuando la venda?

—No.

—Pues que sacará otra igual del almacén.

—¡No es otra bici, papá! —insistí. No entendía por qué no se alegraban—. ¡Es la mía, jolín!

Mi padre se inclinó de repente hacia mí, me cogió por los brazos y me ordenó:

—¡Basta ya, Daniel! ¿Me oyes? ¡Basta ya! ¿Acaso crees que el viejo Canabaro te ha robado la bicicleta y la ha puesto otra vez a la venta?

—No.

—¿Entonces?

—A lo mejor el ladrón se ha arrepentido y la ha devuelto.

—¡Deja de decir chorradas, Daniel! —me gritó mi padre soltándome los brazos y apartándose de mí—. ¡Qué puñetas sabe el ladrón dónde compramos la bici!

Abrió la puerta del balcón y salió al exterior a mirar los tejados del pueblo. Me quedé a solas con mi madre.

—Es la mía, mamá —le dije—. Seguro.

—Anda —dijo ella cogiéndome la mochila—. Ve a la cocina a buscar la merienda.

5

Salí a la calle con la merienda y corrí hacia Manillares y Pedales. Tenía que asegurarme de una vez por todas de que la Mondraker Ventura de la tienda era la mía. ¡Así podría demostrárselo a mis padres!

Al llegar frente al escaparate eché un vistazo al interior. No vi a nadie. El viejo Canabaro solía estar en la parte de atrás, en el almacén, donde tenía el pequeño taller de reparación.

«Puedo entrar ahora», pensé ocultándome en el portal de al lado. Lo único que tenía que hacer era intentar abrir la puerta de la tienda con mucho cuidado, ya que si sonaba la campanilla que colgaba del techo, el viejo Canabaro estaría junto al mostrador en tres segundos.

Me acerqué de nuevo a la puerta de Manillares y Pedales. Observé la calle: nadie por la derecha, nadie por la izquierda. Agarré el pomo de la puerta, aguanté la respiración y empujé con suavidad.

La puerta se abrió quince centímetros sin que sonara la campanilla. Miré hacia arriba, ya no tenía más margen. Un centímetro más y la madera golpearía la campanilla.

Me apreté contra el marco de la puerta y me coloqué en posición: completamente recto, brazos pegados al cuerpo, cabeza quieta. Empecé a deslizarme por el hueco de quince centímetros y me di cuenta de que era demasiado justo. Aun así continué moviéndome con mucha lentitud. Sin apenas levantar la cabeza conseguí mirar hacia arriba y comprobar que la puerta estaba ya rozando la campanilla.

—Un poco más —murmuré—. Un poco más y estaré dentro.

Cuando ya había introducido casi todo el cuerpo dentro de la tienda, un movimiento en falso me hizo golpear la puerta con la rodilla. Oí un clinc muy débil sobre mi cabeza y me detuve. La puerta había arrastrado un poco la campanilla y esta permanecía peligrosamente inclinada, a punto de deslizarse y tintinear.

Tragué saliva. Del almacén llegaban ruidos de herramientas y la voz del viejo Canabaro tarareando una canción. ¡Tenía que darme prisa! En cualquier momento podría entrar alguien, o sonar el teléfono. «Si me descubren ya puedo olvidarme de la bici —pensé—, mis padres me prohibirán pisar la calle durante un mes».

Me di de nuevo impulso y, sin dejar de mirar la campanilla, terminé de introducir todo el cuerpo dentro de la tienda.

—Por fin —susurré.

La campanilla emitió otro clinc muy débil y yo, sujetando la puerta, dejé que se cerrara muy lentamente. Di media vuelta y clavé los ojos en la Mondraker Ventura, que estaba a menos de un metro y medio de distancia. Antes de volver a moverme, eché un vistazo hacia la puerta del almacén. El viejo Canabaro seguía allí dentro cantando su canción.

Solo tardé dos segundos en estar frente a la bicicleta. Al llegar junto a ella puse la mano sobre el sillín, sobre el manillar, sobre el cuadro... Cuando la toqué ya no me quedó ninguna duda de que era mi Mondraker Ventura. ¡Cómo la había echado de menos! Sin embargo tenía que estar completamente seguro si quería convencer a mis padres. A ellos les costaba más creer en las cosas, me pedirían una prueba.

Y la prueba, por suerte, estaba debajo del sillín. ¡Menos mal que yo escribía mi nombre en mis cosas!

Me puse en cuclillas, me incliné hacia adelante y fijé los ojos en la parte inferior del sillín. En un primer instante me pareció que no había nada escrito. Luego, cuando mis ojos se acostumbraron al color negro, vi aparecer ante mí, una tras otra, las seis letras:

Daniel

¡Lo sabía! ¡Sabía que era mi bicicleta! Me entraron ganas de ponerme a gritar de alegría. ¡Tenía la prueba! ¡La prueba definitiva! ¡Lo único que tenía que hacer ahora era decirles a mis padres que bajaran a la tienda!

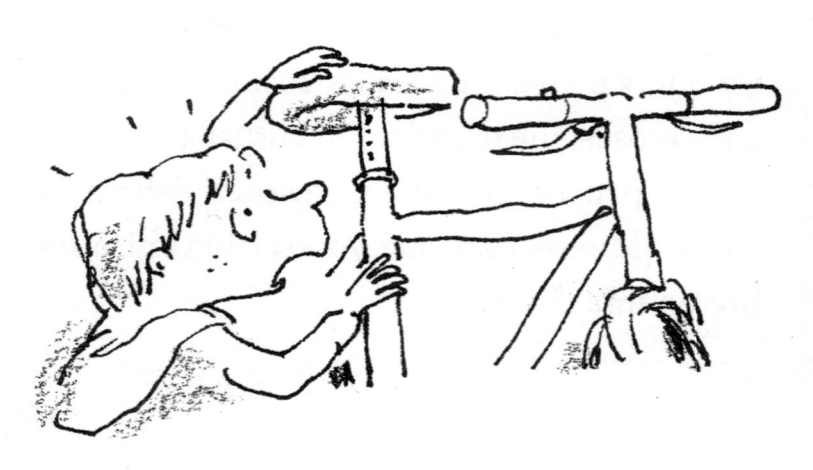

—¿Cómo has entrado, chico?

Me puse en pie de golpe.

El viejo Canabaro había aparecido detrás del mostrador. Llevaba un destornillador gigante en la mano derecha. No me atreví a moverme.

—No te he oído entrar —añadió.

—Estaba mi... mirando la bi... bicicleta —tartamudeé.

El viejo Canabaro dejó el destornillador en un estante, rodeó el mostrador y se acercó a mí. A mí el viejo nunca me había dado miedo, llevaba tantos años vendiendo y reparando bicis en el barrio que ya formaba parte de las cosas de la calle, pero en aquel momento sí tuve un poco de miedo, miedo a que pudiese hacerme algo por haber descubierto lo de la bicicleta.

—¿Vas a pedirle a tus padres que te compren otra? —dijo.

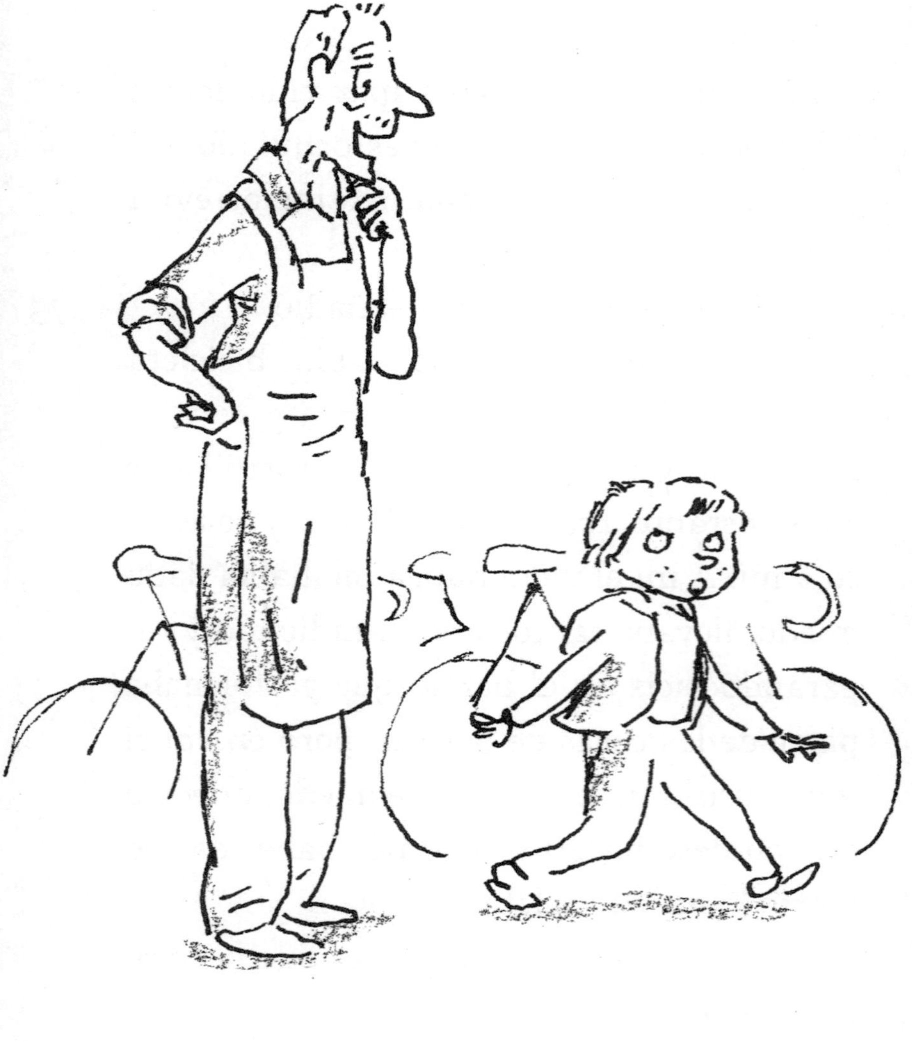
mikel valverde 07

Negué con la cabeza. Sentía el corazón a punto de salírseme por la boca. Ojalá hubiese tenido fuerzas para echar a correr.

—Tu padre me contó el otro día lo del robo de tu bici —dijo el viejo Canabaro—. ¿Qué tal estás?

—Bien —respondí.

—Sí —sonrió él—. Los chicos siempre respondéis que estáis bien. Pero supongo que estás un poco triste, ¿no?

—Sí, un poco.

Vi venir su mano huesuda hacia mí y me encogí ligeramente; noté sus dedos acariciándome el pelo. Se había acercado tanto a mí que su delantal sucio de grasa me rozaba la nariz. Olía a metal, a aceite lubricante o grasa. Aparté la cara.

De repente, pensé que quizá había sido el viejo Canabaro quien me había robado la bicicleta. A lo mejor nos había seguido hasta el campo de fútbol y, una vez allí, había esperado el momento oportuno para llevarse la Mondraker Ventura y ponerla de nuevo a la venta.

—Tengo que irme —dije apartándome de él.

El viejo no se movió. Era tan alto que yo apenas le llegaba a la altura del pecho. Desde tan cerca parecía más alto y delgado que nunca. Lo esquivé como pude y me dirigí hacia la puerta.

—¡Si te preocupa algo puedes contármelo, chico! —exclamó.

Abrí la puerta de la tienda y salí a toda velocidad. Oí, ahora sí, cómo la campanilla tintineaba con fuerza. Corrí hasta el portal de mi edificio. Iba a pulsar el timbre del interfono cuando alguien me llamó:

—¡Eh, Daniel!

Miré acera abajo. Néstor se acercaba con su coche-tiburón teledirigido.

—¿Era tu bici o no era tu bici? —me preguntó.

No me apetecía nada hablar con Néstor, así que pulsé reiteradamente el timbre de casa. Lo único que yo quería en ese momento era decirle a mis padres que se trataba de mi bicicleta y que a lo mejor el ladrón era el viejo Canabaro.

—¿No te quedas un rato a jugar? —preguntó Néstor.

—No —respondí pulsando otra vez el timbre. ¿Por qué tardaban tanto en contestar?—. Tengo que irme a casa.

—¿Quién es? —dijo por fin la voz de mi madre a través del interfono.

—¡Yo! —contesté empujando la puerta.

Entré en el edificio y corrí hacia las escaleras.

* * *

—¿Que has hecho qué? —dijo mi padre desde el sofá soltando el mando a distancia del televisor.

—Que he entrado en Manillares y Pedales a comprobar si era o no mi bicicleta —repetí, de pie en el centro del comedor.

Mis padres se miraron.

—¡Pero qué puñetas le pasa a este niño! —exclamó mi padre.

—¡Tenía que comprobar si estaba mi nombre escrito debajo del sillín! —me defendí subiendo un poco la voz.

—Pero ¿de qué estás hablando? —añadió mi padre.

—Pues que...

—Mira, Daniel —me interrumpió él—. Esto de la bicicleta ya está durando demasiado. A partir de hoy quiero que te olvides de que un día la tuviste, ¿de acuerdo?

—¡Jo, papá, pero si es la mía! ¡Te lo juro!

Como mi padre no me hacía caso, me volví hacia mi madre.

—¡Es la mía, mamá, de verdad! ¡Tiene mi nombre escrito debajo del sillín!

—¡O te callas ahora mismo o te vas a tu cuarto sin cenar! —exclamó mi padre poniéndose de pie.

—Un momento, por favor —le dijo entonces mi madre levantando una mano—. Deja que el niño se explique. —Me miró otra vez y me preguntó—: ¿Qué quieres decir con eso de que tiene tu nombre escrito debajo del sillín?

—Pues que lo escribí yo cuando me la regalasteis —respondí mirando de reojo a mi padre—. Escribí Daniel debajo del sillín con el punzón que tiene papá en la caja de herramientas. Y la bici que el viejo Canabaro ha puesto en el escaparate tiene mi nombre debajo del sillín.

Mis padres se quedaron unos segundos en silencio, un silencio espeso y largo que me asustó. Era como si de repente me hubiese quedado solo en el comedor. ¿Por qué no se alegraban? ¿Por qué no decían que querían bajar a la tienda a comprobarlo? ¿Por qué seguían regañándome? Por el rabillo del ojo vi cómo mi padre se sentaba de nuevo en el sofá.

—¿Marcaste la bici como haces con todas tus cosas? —preguntó mi madre al cabo de un rato.

—Sí.

—¿Y cómo se te ocurrió, hijo? —dijo ella.

—Pues porque yo le pongo mi nombre a todas mis cosas —respondí encogiéndome de hombros—. Por eso sé que la bici de Manillares y Pedales es la mía.

—¿Le dijiste a Canabaro lo del nombre? —preguntó mi madre.

—No —contesté—. Él no sabe nada. Estaba en el almacén cuando entré en la tienda sin que sonara la campanilla.

—¡¿Qué?! —exclamó mi padre levantándose otra vez del sofá—. ¿Has entrado en la tienda a escondidas?

—No quería que...

—¿Te has vuelto loco? —dijo mi padre acercándose a mí. Nunca lo había visto moverse tanto—. ¿Qué pasa si el viejo Canabaro te denuncia?

—No he hecho nada malo —susurré.

—¡Has entrado en una propiedad privada! ¿Te parece poco? No puedes ir entrando en propiedades privadas porque a ti te dé la gana. ¡Yo no te he educado para que vayas por ahí haciendo gamberradas! —Me señaló con un dedo y añadió—: ¡Como vuelvas a decir algo de esa bicicleta me enfadaré de verdad, Daniel! ¿Me oyes? ¡Te lo digo en serio! ¡Me enfadaré de verdad!

No me atreví a decir nada más. Ni siquiera tuve fuerzas para decir que a lo mejor había sido el viejo Canabaro quien nos había robado la Mondraker Ventura. Nunca había visto a mi padre enfadarse de aquella manera y me dio miedo que se enfadara aún más.

—¿Me has entendido? —insistió mi padre.

—Sí —respondí.

6

Durante toda la semana siguiente, estuve asomándome cada tarde al escaparate de Manillares y Pedales para echar un vistazo a mi bicicleta. Lo que más me aterrorizaba era llegar un día y descubrir que alguien la había comprado.

El viernes ocho de abril me llevé un susto de muerte porque un hombre estaba mirando el precio de la Mondraker Ventura. Permanecí pegado al cristal del escaparate rezando para que aquel hombre no se llevara la bicicleta.

—Por favor —murmuré—. Que no la compre, que no la compre...

Finalmente el hombre salió sin comprarla. ¡Uf, menos mal! Me senté en el suelo, apoyé la espalda en la pared y cerré los ojos.

—Tendrás que hacer algo, chico.

Abrí los ojos y me puse de pie en el acto. El viejo Canabaro se había asomado a la puerta de la tienda y me miraba fijamente. Su mirada caía desde arriba y me pareció que pesaba una tonelada.

—Me refiero a la bicicleta —añadió—. Ahí sentado no vas a conseguir nada.

Yo me habría marchado en aquel mismo instante, pero de pronto me pareció que el viejo Canabaro estaba intentando ayudarme.

—¿Me... robó usted... la bici? —pregunté casi sin voz.

El viejo movió la cabeza.

—No —respondió—. Y más te vale dejar de pensar en ello. Así no vas a recuperar la bicicleta. Lo que tienes que hacer es pensar constructivamente.

—¿Y eso qué es?

—Mira —dijo—, cuando yo era pequeño mis padres no podían comprarme ninguna bicicleta. Estábamos en los años cuarenta y la vida era entonces muy distinta. El poco dinero que había era para comer. Cuando cumplí once años decidí que quería una bicicleta como fuese. ¿Y qué crees que hice? Pues me la construí yo mismo. Sí, sí —sonrió—. Así como suena. Tardé casi tres meses en conseguir todas las piezas. Y no te creas que eran piezas nuevas, ni hablar, las sacaba de los cubos de basura de los talleres mecánicos, se las cambiaba a los chatarreros a cambio de barrerles el almacén o de pintarles la fachada de sus negocios.

—Yo no sé construir una bicicleta —dije encogiéndome de hombros.

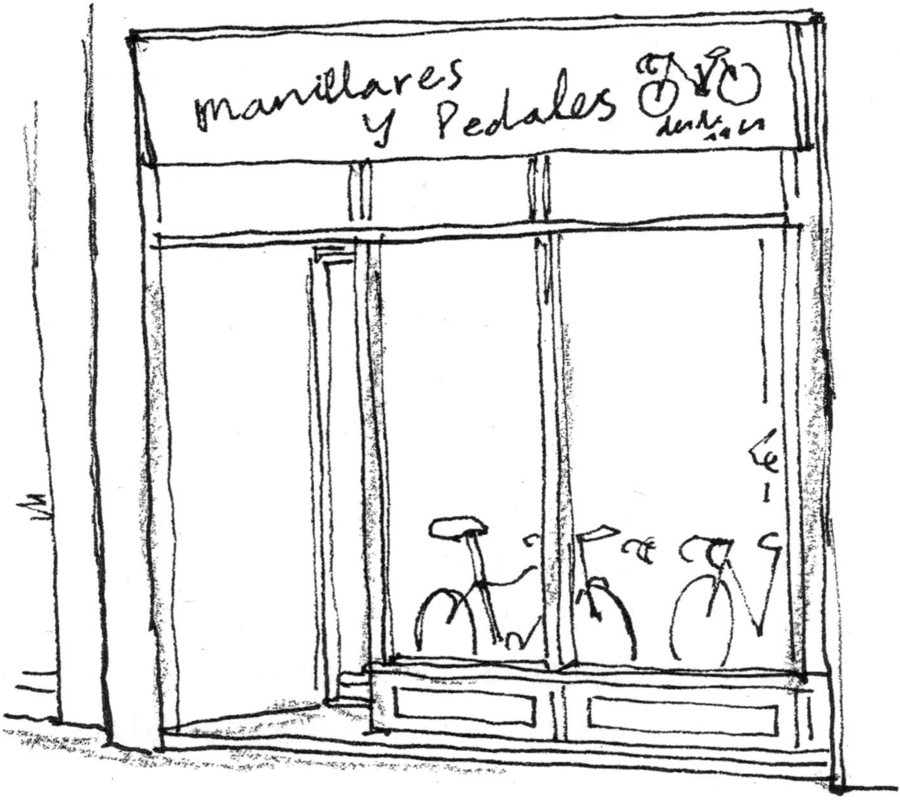
manillares y Pedales

—¿Y quién te dice que lo hagas? —replicó—. Solo te cuento esto para que entiendas una cosa. ¿De qué crees que me hubiese servido a mí sentarme en un rincón a lloriquear?

—De nada.

—¿Crees que por eso mis padres hubieran podido comprarme la bicicleta?

—No —respondí bajando de nuevo la cabeza.

—No, claro que no —dijo el viejo en voz ligeramente más baja—. Nadie va a recuperar la bici por ti, chico. Tienes que hacerlo tú.

Cuando levanté la cabeza, el viejo Canabaro ya había desaparecido dentro de la tienda. Eché una ojeada a la Mondraker Ventura y pensé en lo que acababa de decirme. «Tiene razón —me dije—, tengo que hacer algo».

Pero ¿qué?

* * *

La idea se me ocurrió el lunes por la mañana durante el recreo: montaría guardia cada tarde frente a Manillares y Pedales hasta que alguien comprara la bicicleta. Cuando eso ocurriera, me acercaría a quien la hubiese comprado y le diría que la bicicleta era mía, que me la habían robado. Después le mostraría mi nombre debajo del sillín y todo quedaría aclarado.

Esperé con impaciencia la llegada de la tarde. El día se me hizo eterno.

A las cinco en punto, justo en el momento en que el viejo Canabaro levantaba la persiana de la tienda, me senté con la merienda en la acera de enfrente dispuesto a cumplir con mi primera guardia.

Cada vez que alguien entraba en el local, me ponía de pie y observaba hacia qué lugar de la tienda se dirigía. Nadie se interesó aquella tarde por mi Mondraker Ventura.

Cuando el viejo Canabaro bajó la persiana a las ocho y cinco minutos, me levanté y crucé la calle.

—¿Cómo va, chico? —oí que me preguntaba.

—Bien —respondí—. He tenido una idea.

—Estupendo —sonrió él cerrando el candado con llave—. Las ideas mueven el mundo. Recuérdalo siempre.

Le dije adiós con la mano y entré en mi edificio. De pronto me daba mucha vergüenza haberle preguntado al viejo Canabaro si había sido él quien me había robado la bicicleta. ¡Era algo imposible! El viejo Canabaro amaba demasiado las bicicletas para ir por ahí robándolas. Y además me había ayudado.

* * *

El martes, durante mi segunda guardia, advertí con horror que mi plan tenía un problema. ¿Qué pasaría si alguien fuese a comprar la bicicleta por la mañana? Yo estaba en el colegio hasta la una. ¿Qué pasaría si, por ejemplo, alguien fuese a comprarla a las once? ¡Me sería imposible seguirle el rastro! ¡Perdería la Mondraker Ventura para siempre!

Miré fijamente la tienda. ¿Qué podía hacer? Mis ojos se encontraron con un letrero que había pegado al cristal del escaparate. 20 % de descuento en equipaje ciclista.

¡Un letrero! ¡Claro! ¿Cómo no se me había ocurrido antes?

Me levanté y me fui corriendo a casa. Entré en mi habitación, conecté el ordenador y abrí un documento nuevo de Word. Tenía que pensar bien las palabras. Empecé a teclear y escribí:

ESTA BICICLETA SOLO PODRÁ COMPRARSE POR LAS TARDES

—¡Es una idea chulísima! —exclamé.

Conecté la impresora y lo imprimí. No lo hice demasiado grande porque no quería que el viejo Canabaro lo descubriera. Corté cuatro tiras de cinta adhesiva y pegué una en cada esquina de la hoja.

Al llegar a Manillares y Pedales me detuve a una distancia prudente. Dentro de la tienda había por lo menos seis o siete personas. «¡Mejor! —pensé—, ¡así el viejo estará ocupado atendiendo a los clientes y los clientes estarán ocupados pensando en lo que van a comprar!».

Me acerqué a la puerta y dudé. ¿Y si se enteraba mi padre de que había vuelto a entrar en la tienda? Recordé las palabras del viejo

Canabaro: «Nadie va a recuperar la bici por ti. Tienes que hacerlo tú». Tomé aire, agarré el picaporte y empujé la puerta.

Dos o tres personas se volvieron a mirarme y después continuaron con sus cosas. Me acerqué a la Mondraker Ventura disimuladamente y preparé el papel. Cuando estuve seguro de que nadie me observaba, lo coloqué debajo del manillar y pegué las tiras de cinta adhesiva a los cables de los frenos.

¡Ya estaba hecho!

Salí de la tienda sin mirar atrás y, una vez fuera, me di la vuelta para comprobar cómo había quedado el letrero. Se leía perfectamente desde allí. Parecía realmente un letrero como cualquier otro, un letrero puesto allí por el viejo Canabaro.

Me fui a la acera de enfrente y me senté para continuar con la guardia. Quedaba media hora para que el viejo Canabaro cerrara la tienda. Al cabo de unos minutos, una voz me preguntó:

—¿Qué haces?

Alcé la mirada. Néstor se estaba sentando a mi lado.

—Nada.

—¿Te gustaría venir a mi casa?

—No puedo.

—¿Por qué?

—Porque no.

Néstor empezó a jugar con su Game Boy pero la apagó enseguida.

—¿Has hecho las divisiones y las multiplicaciones para mañana? —me preguntó.

—Sí —contesté sin apartar la mirada de la tienda—. Ayer.

—¿Por qué no me las dejas copiar?

—Porque no. Ya te lo dije. Sería una mentira.

—¡Y qué más da, jolines! —exclamó.

Un hombre y un niño entraron en la tienda y yo los observé. El niño señaló la Mondraker Ventura y el hombre se acercó a ella.

—¡Eres un aburrido! —oí que me gritaba Néstor—. ¡Me voy a mi casa!

El hombre y el niño se alejaron de la bicicleta y miraron otras. Al final salieron de la tienda sin ninguna. Miré a mi derecha. Néstor se había ido.

* * *

Al día siguiente, al sentarme frente a Manillares y Pedales, me llevé una sorpresa mayúscula. ¡Mi letrero había desaparecido! Me puse de pie, crucé la calle y me acerqué al escaparate para asegurarme.

—Oh, no —murmuré pensando que quizá el viejo Canabaro lo había descubierto y lo había arrojado al cubo de la basura.

Pero en ese momento bajé la mirada y me di cuenta de que había otro letrero más grande que el mío apoyado en el suelo, junto a los pedales de la bicicleta, que decía:

ESTA BICICLETA
SOLO PODRÁ COMPRARSE
POR LAS TARDES

Leí una y otra vez el letrero sin comprender lo que había ocurrido. Decía exactamente lo mismo que el mío, pero con las letras más grandes, como si hubiesen crecido por arte de magia.

—Así se lee mejor, ¿no crees?

El viejo Canabaro había salido de la tienda y se había puesto a mi lado a contemplar el letrero.

—¿Lo ha escrito usted? —pregunté.

—Digamos que la idea fue tuya —respondió revolviéndome el pelo.

—Pero mi letrero era más pequeño.

—¿Y eso qué importa? El caso es que tú lo pusiste ahí, ¿no? Se te ocurrió a ti. Como cuando yo decidí hacerme mi propia bicicleta.

De repente, el viejo Canabaro me pasó un brazo por los hombros y me apretó contra su cuerpo. Capté el acostumbrado olor a metal y a grasa que despedía siempre su delantal, y lo cierto es que, por primera vez, me gustó aquel olor. Me recordaba a mi Mondraker Ventura. Mi Mondraker Ventura que, gracias a aquel letrero, nadie compraría por las mañanas.

7

Durante las tres semanas siguientes, no me perdí ni una sola guardia. El último viernes de abril, a punto de cumplir con la que sería mi guardia número veintitrés, mi madre se empeñó en que la ayudara a limpiar y ordenar un poco el cuarto de estar, o sea el trastero.

—¿Por qué no te ayuda papá? —protesté señalando a mi padre, que estaba en el balcón mirando los tejados del pueblo.

—Shhh... —me regañó ella—. Me ayudas tú y no se hable más.

Observé con horror cómo mi madre preparaba la escoba, el recogedor, la fregona, la botella de Xampa al limón... «Estoy perdido

—pensé—, voy a perderme la guardia». Eché un vistazo al reloj digital que parpadeaba sobre el televisor. ¡Las cinco! El viejo Canabaro estaría a punto de levantar la persiana de la tienda, si es que no lo había hecho ya.

—¿Y por qué no lo hacemos el domingo? —rogué.

—¿Y qué más te da hoy que el domingo? —preguntó mi madre.

—Es que hoy no puedo.

—¿Y se puede saber por qué no puedes?

—Porque tengo que bajar a la calle —respondí.

Mi madre me observó de arriba abajo.

—Últimamente estás muy raro —dijo—. ¿Te ocurre algo, hijo?

—No, mamá.

—Pues yo te noto raro. Y bajas mucho a la calle. Antes te quedabas algunas tardes en casa, pero ahora llevas unos días que no paras quieto.

Me encogí de hombros.

—Por favor, mamá —supliqué mirando de reojo el reloj. ¡Las cinco y dos minutos!—. Te juro que el domingo te ayudo a limpiar el trastero.

—No lo llames trastero —replicó ella—. Es el cuarto de estar.

—Pues el cuarto de estar.

Mi madre observó los utensilios de limpieza que ya había preparado y suspiró.

—Está bien —dijo finalmente—. Pero el domingo no me vengas con el cuento de que también quieres bajar a la calle, porque no bajarás.

—¡Vale! —exclamé echando a correr hacia la puerta.

Cuando me senté en el lugar habitual frente a Manillares y Pedales, la persiana de la tienda ya estaba levantada. Afortunadamente, la bici aún continuaba allí. «¡Uf! —suspiré—, ¡menos mal!». Intenté darle un mordisco al bocadillo, pero no pude, lo del cuarto de estar-trastero me había puesto tan nervioso que tenía un nudo en el estómago.

Pero había algo más, ¿sabes? Algo que me había mantenido toda la mañana preocupado y también un poco asustado: el sueño de la noche anterior.

Había soñado que el viejo Canabaro regalaba una Mondraker Ventura a todos los que entraban en su tienda. Y cuando había querido levantarme de mi puesto de guardia para recuperar la mía, descubrí que no podía moverme. Lo intenté con todas mis fuerzas, pero era como si alguien me hubiese pegado al suelo con Loctite. ¡Qué rabia! ¡Yo a solo seis metros de distancia de Manillares y Pedales, y todo aquel montón de niños y niñas que venían de mucho más lejos marchándose con sus bicicletas de regalo! ¡Incluida la mía, claro, que fue de las primeras que regaló Canabaro! Por la mañana me había despertado cansadísimo, como si de verdad me hubiese pasado la noche entera intentado levantarme del suelo.

Envolví de nuevo el bocadillo con el papel de aluminio y lo dejé junto a mí en el suelo; ya me lo comería más tarde. Había sido un sueño absurdo, desde luego, el viejo Canabaro no era tan tonto como para ponerse a regalar bicicletas de cuatrocientos doce euros, pero también había sido un sueño muy real, de esos que tengo yo a veces, y me había dejado la fuerte sensación de que aquella tarde iba a suceder algo.

—Hola, Daniel.

Reconocí la voz de Néstor.

—Hola —dije sin mirarlo.

Néstor se sentó a mi lado.

—La semana que viene es mi cumple —dijo—. Doy una fiesta el lunes por la tarde. ¿Vas a venir?

—¿El lunes por la tarde?

—Sí —respondió Néstor—. Al salir del cole.

—No puedo.

—¿Por qué?

—Porque no —dije siguiendo con la vista a una mujer que había entrado en la tienda y miraba el precio de mi Mondraker Ventura.

—Pero ¿por qué no? —insistió Néstor—. ¡Si te pasas las tardes aquí sentado, tío!

—No puedo y ya está, ¿vale? —exclamé sin apartar la vista de la tienda ni de la mujer que señalaba mi bicicleta y le preguntaba algo al viejo Canabaro.

—Eres un aburrido —dijo Néstor levantándose—. Pues ahora vendrá mi padre del banco y nos iremos a comprar mi regalo de cumpleaños.

—¿Y a mí qué?

La mujer de la tienda tocaba el sillín y el manillar y los mandos de los frenos y sonreía mientras el viejo Canabaro le iba explicando cosas. «Va a comprarla», pensé. No supe si eso me alegraba o me entristecía. Le había cogido tanto cariño a estar allí cada tarde montando guardia por la Mondraker Ventura, que solo imaginar que ya no volvería a hacerlo me daba un poco de pena. ¿Y si aquella mujer no me escuchaba? ¿Y si decidía llevarse la bici a casa aunque yo le jurara mil veces que mi nombre estaba debajo del sillín? Después de todo, tampoco mis padres se habían acercado a Manillares y Pedales a comprobarlo.

—Hola, Daniel —dijo una voz grave.

Giré la cabeza y me encontré con el padre de Néstor.

—Hola —dije.

El señor Lembó vestía traje y corbata y olía a colonia. A mí me hubiese gustado que mi padre vistiera trajes como los del señor Lembó, y no el mono azul del taller con su nombre grabado en el bolsillo superior y las palabras Hierros Matacás en la espalda. Mi padre solo se ponía traje y corbata si íbamos a alguna boda.

—¡Venga, papá! —exclamó Néstor tirando de la manga de su americana—. ¡Vamos a comprar mi regalo!

—Adiós, Daniel —se despidió el señor Lembó.

—Adiós —dije mirando cómo la mujer, finalmente, salía de Manillares y Pedales sin la bicicleta.

Fue justo en ese momento cuando me di cuenta de que Néstor y su padre se dirigían a la tienda del viejo Canabaro. Me levanté, di dos pasos y me apoyé en un coche aparcado. Comencé a imaginarme una cosa terrible.

—Que pasen de largo de la tienda, por favor —susurré cuando estuvieron en la otra acera—; que pasen de largo, por favor, por favor...

Pero no pasaron de largo. El señor Lembó empujó la puerta de Manillares y Pedales, y él y Néstor desaparecieron en el interior. El sonido de la campanilla me sonó como un trueno.

A través de los cristales del escaparate, vi cómo Néstor se sentaba sobre mi Mondraker Ventura y fingía que ya la estaba conduciendo por la calle: giraba el manillar, se ponía de pie sobre los pedales, se inclinaba como si tomara una curva...

El corazón empezó a darme golpes muy rápidos. En aquel instante Néstor volvió la cabeza y me miró fijamente. Sonreía. A través del escaparate parecía un muñeco diabólico encerrado en una caja de cristal.

Diez minutos después, Néstor y el señor Lembó salieron de la tienda con mi Mondraker Ventura. «¡No puede ser! —me dije—, ¡no puede ser!». Fui incapaz de decirles nada. Néstor montó en la bicicleta, pasó a toda velocidad por delante de mí, me sonrió otra vez y se alejó calle abajo con su padre. Al llegar a la esquina desaparecieron los dos en dirección al campo de fútbol.

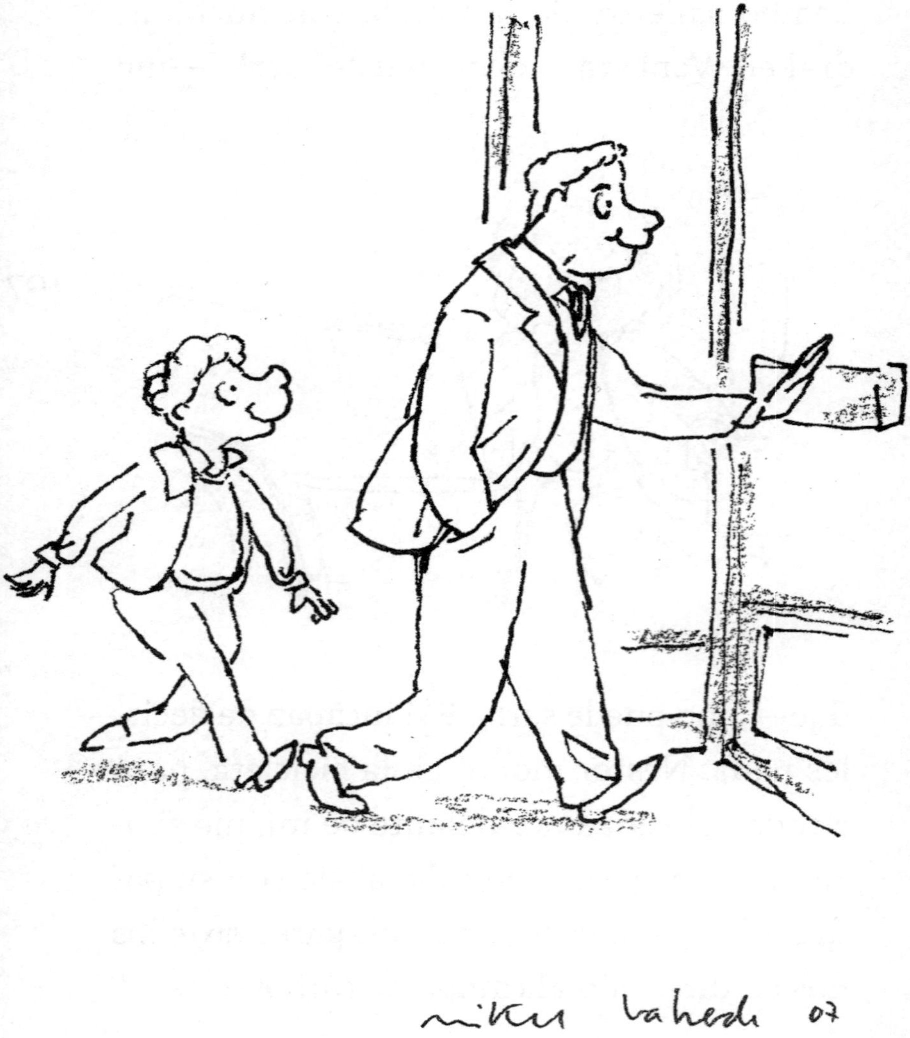

¡Néstor Lembó se había llevado mi Mondraker Ventura! ¡Qué injusticia! ¡Qué injusticia total! Me quedé inmóvil junto al coche aparcado sin saber qué hacer, con la boca abierta y el corazón a punto de salírseme por ella. Era como en mi sueño: no habría podido moverme ni en cien años.

Clavé los ojos en el escaparate de Manillares y Pedales como si aún no acabara de creerme que a Néstor le hubiesen regalado mi bicicleta y allí, tras el cristal de la puerta, me encontré con la mirada seria del viejo Canabaro.

Me metí las manos en los bolsillos y me dirigí hacia casa. No quería hablar con el viejo Canabaro. ¡Lo odiaba! ¡Lo odiaba por haberle vendido la Mondraker Ventura a Néstor! ¿Para eso me había contado todo ese rollo de que las ideas mueven el mundo? ¿De que solo yo podía recuperar la bicicleta?

Temí que saliese de la tienda y me llamara, pero no ocurrió.

* * *

Mientras cenábamos, me entraron ganas de contar a mis padres que a Néstor le habían regalado mi Mondraker Ventura, pero no quería que mi padre volviese a enfadarse como se había enfadado la última vez. Yo llevaba ya tres semanas sin decir en casa una sola palabra sobre la bicicleta, y parecía que tanto mi padre como mi madre se habían olvidado del asunto. Mejor que las cosas continuaran como estaban.

—Estás muy callado —me dijo mi madre.

Pinché unas cuantas judías verdes y me las llevé sin ganas a la boca. Sí, he dicho «judías verdes», y sí, he dicho «sin ganas».

Lo cierto es que me daba igual que aquella noche mi madre hubiese preparado mi plato favorito. Por mí como si hubiésemos cenado pollo al pil pil.

—No has dicho nada de las judías verdes —insistió ella—. Y eso sí que es raro.

Era lógico que insistiera. Había permanecido encerrado en mi habitación desde que subí enfurruñado de la calle hasta la hora de la cena. Dos horas. No había salido ni para ir al baño. ¡Y le había dado una patada tan fuerte a la cama que me había hecho daño en la uña del dedo gordo! Y si en aquel momento no le daba una patada, por ejemplo, a la pata de la mesa, era para que mis padres no me hicieran más preguntas.

—Mamá y yo hemos pensado que el curso que viene sería interesante que te apuntaras a algo después de las clases —dijo mi padre.

—Por ejemplo, informática —añadió mi madre.

—O inglés —dijo mi padre—. Hoy en día no vas a ninguna parte si no sabes inglés.

—En el cole ya damos inglés —dije sin levantar la mirada del plato, pensando en Néstor y en mi bicicleta, que estaría guardada en su garaje.

—Ya lo sabemos —dijo mi madre—. Nosotros nos referimos a una academia de idiomas, hijo, a aprenderlo de verdad.

—Mírame, Daniel —dijo mi padre alzando un poco la voz. Le miré—. No quiero que el día de mañana te quedes sin saber qué hacer porque te han cerrado el puñetero taller. Yo no sé hacer nada más, pero tú aún estás a tiempo, ¿entiendes? La calle te enseñará muchas cosas, pero no todas. No es bueno que te pases el día tirado en la acera. Deberías empezar a pensar en ello.

Corté un trozo de merluza y lo mastiqué como si fuese una suela de zapato.

—¿Qué te parece, hijo? —me preguntó mi madre.

—Bien —respondí. ¿Néstor habría cubierto la bici con una lona para que no se llenara de polvo?—. Como queráis.

Tardé un siglo en terminarme la cena.

8

Al día siguiente, sábado, decidí no bajar a la calle. No quería encontrarme a Néstor presumiendo con mi Mondraker Ventura. Puse el ordenador en marcha y jugué unas cuantas partidas de *El señor de los anillos*, más tarde hice los deberes que tenía para el lunes, luego me duché, me corté las uñas de las manos y de los pies, estuve mirando con mi padre un documental de cocodrilos por televisión...

Hice de todo hasta que ya no supe qué hacer.

¡Necesitaba ver mi Mondraker Ventura! ¡Aunque encima de ella estuviese el presumido de Néstor! ¡Necesitaba verla ya! Cogí el balón de fútbol y dije a mis padres que me iba un rato a la calle. Eran poco más de las doce y media del mediodía.

Al salir del portal miré a derecha e izquierda. Ni rastro de Néstor. Pensé en ir a buscarlo a su casa, pero no quería que él pensara que le tenía envidia por lo de la bici. Fui hasta la esquina del solar y empecé a chutar el balón contra la pared, a chutar fuerte, sobre todo con la pierna derecha, que es mi pierna buena. El balón rebotaba con fuerza contra la pared y regresaba a mí como un cohete.

Pump, pump, pump.

A veces, si nos poníamos a dar pelotazos muy temprano, los vecinos solían gritarnos desde las ventanas que nos fuésemos a chutar a otra parte.

Pump, pump, pump.

¡Ojalá se rompiera la pared! ¡Ojalá explotara la pelota e hiciese tanto ruido que la explosión se oyera en todo Sant Feliu! ¡Que se atreviesen entonces los vecinos a decirme algo!

Pump, pump, pump.

—¡Hola, Daniel!

Pump, pump, pump.

—¡DANIEEEL!

Levanté la cabeza, perdí la concentración y el balón me golpeó en las rodillas. Allí estaba Néstor. Allí estaba mi Mondraker Ventura. Me entraron ganas de agarrar a Néstor, arrancarlo de la bicicleta y montarme sobre el sillín. Tragué saliva. «Nadie va a recuperar la bici por ti, chico —retumbó en mi cabeza la voz del viejo Canabaro—, tienes que hacerlo tú».

—La bicicleta es mía —dije.

Néstor se quedó mirándome como si yo hubiese dicho la mayor tontería del mundo.

—¡Y qué más, tío! —dijo echándose a reír—. Es mi regalo de cumple.

—Es mía —insistí dando un paso hacia él.

—¡Qué más quisieras!

—¡Me la robaron y tú lo sabes! —exclamé.

—No es la tuya, jolín, ¿o te crees que tu Mondraker Ventura era la única Mondraker Ventura del mundo? Mi padre me ha dicho que las fabrican en serie, que hacen miles al mismo tiempo.

—Es mi bici, ¿vale? —dije a punto de explotar—. ¡Es mi bici y puedo probarlo!

Di cuatro pasos rápidos y agarré con fuerza uno de los extremos del manillar de la bicicleta.

—¿Qué haces? —se asustó Néstor, e intentó en vano que yo soltara el manillar—. ¡Déjame o se lo digo a mi padre!

—Mi nombre está escrito debajo del sillín, ¿te enteras?

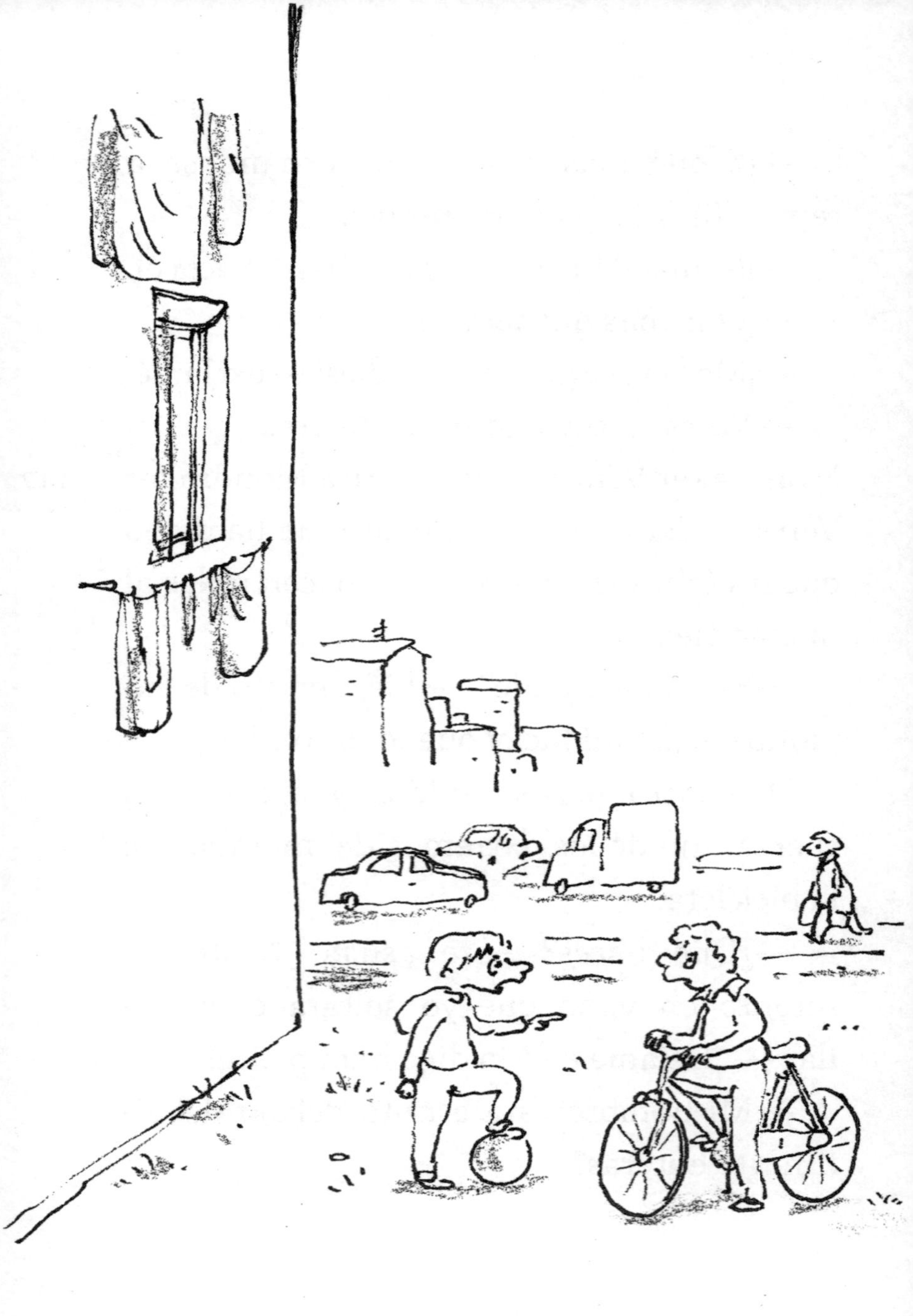

—¿Qué?

—¡Que yo escribo mi nombre en mis cosas! —le grité; di media vuelta, me agaché, recogí el balón del suelo y se lo puse delante de la cara—. ¡Mira! ¿Lo ves? ¡Aquí lo escribí ocho veces! ¿Lo ves o no?

—¡Que sí, pesado!

—Pues también lo escribí en la bicicleta. Escribí Daniel debajo del sillín. ¡Por eso puedo probar que es mía!

Néstor no supo qué decir.

—Bájate de la bici —le pedí agarrando otra vez el manillar.

—¿Qué?

—¡Bájate de la bici y miraremos debajo del sillín!

—¿Estás tonto o qué? ¡No tengo ganas de mirar debajo del sillín!

—¡Que te bajes de la bici, jolín! —ordené sacudiendo la bicicleta por el manillar.

—¡Me vas a tirar al suelo! —protestó Néstor a punto de caer.

—¡Te tiraré si no te bajas!

—¡Si me rompes la bici...!

—¡QUE TE BAJES AHORA MISMO!

Néstor se bajó. Tumbé la Mondraker Ventura en el suelo con cuidado y la puse bocabajo. Señalé la parte interior del sillín y dije:

—Mira.

Néstor miró.

—¿Qué pone? —le pregunté.

—No veo nada.

—Pues acércate más —dije cogiéndolo de la camiseta y aproximándolo a la bicicleta—. ¿Qué pone?

De mala gana, Néstor respondió:

—Daniel.

—¿Es mía o no es mía?

Néstor se colocó bien la camiseta de nuevo, pero no se atrevió a darle la vuelta a la bici y marcharse. Se quedó allí mirando el suelo.

—Mi padre me dijo una cosa —murmuró—, pero me hizo prometer que no te lo diría.

—¿Qué cosa? —pregunté enseguida.

Néstor levantó los ojos y me observó. Estaba diferente, como asustado o triste. No era el Néstor Lembó de siempre.

—Me dijo que tu padre devolvió la bici al viejo Canabaro porque se había quedado sin trabajo y no puede pagarla.

—¿Qué? —no me salió otra cosa—. ¡Eso es mentira!

—No te la robó nadie, Daniel —añadió Néstor en voz baja—. Es solo que tu padre no puede pagarla.

—Júramelo —le pedí; me estaba subiendo un calor muy fuerte por el pecho—. Júrame que tu padre dijo que mi padre había devuelto la bici porque se ha quedado sin trabajo.

—Te lo juro —dijo asustado, mirándome en silencio—. Te lo juro.

—Júramelo por tu coche-tiburón, tus DVD y todos tus juguetes.

—Te lo juro por todos mis juguetes, Daniel, de verdad.

«Me han engañado —pensé. Me aparté como pude de Néstor, tropecé con el bordillo—. ¡Me han engañado! ¡Me han engañado! Pero ¿por qué? ¿POR QUÉ?».

¿Y todo aquello del robo y de buscar la bici por todo el pueblo? ¿Había sido todo mentira?

—Tengo que irme, Daniel —me pareció que decía Néstor—. Por favor, no les digas a tus padres que te lo he dicho yo, ¿vale?

Eché a andar calle abajo.

Al entrar en casa me fui directo al sofá. Mi padre estaba allí mirando la televisión.

—Papá —dije—, ¿por qué me has engañado?

—Baja la voz, Daniel —contestó él—. Estoy intentado escuchar esto.

Cogí el mando a distancia y apagué el televisor.

—¡Qué haces!

—¿Por qué me has engañado?

—Pero ¿de qué estás hablando, puñeta?

—Sé que has devuelto la bici al viejo Canabaro porque no puedes pagarla.

Mi padre me miró fijamente, muy serio. Poco después desvió los ojos por encima de mí y, al darme la vuelta, vi a mi madre de pie a mi espalda. Durante unos segundos se miraron los dos en silencio.

—Dios mío —murmuró mi madre al final.

—¿Quién te lo ha dicho? —me preguntó mi padre casi sin voz.

—¿Es verdad o no? —exigí; el calor que antes me había subido por el pecho lo tenía ya por toda la cara.

Mi padre se hundió en el sofá, sin fuerzas.

—Sí, Daniel —respondió sin mirarme—. Es verdad.

—¿Y por qué no me dijiste la verdad?

Mi madre se acercó a mí, me cogió de los hombros y dijo:

—No queríamos hacerte daño, hijo.

—¡Pues ahora me está haciendo mucho daño! —grité apartándome las lágrimas de un manotazo.

—Lo sé, cariño, lo sé —dijo ella acariciándome el pelo—. Pero créeme, lo hicimos por tu bien.

—Ya basta —intervino mi padre—. El niño tiene razón.

Mi madre se sentó en una silla con un suspiro y mi padre me clavó los ojos.

—Lo siento, Daniel —dijo—. Lo del robo fue idea mía.

—¡Pero, papá, tendrías que haberme dicho la verdad!

—Lo sé.

—¡Tú siempre dices que hay que de... decir la ve... verdad! —Los mocos casi no me dejaban hablar.

—¡Lo sé!

—Entonces, ¿por qué me engañaste? —grité acercándome a él, a través de las lágrimas le veía borroso—. ¿Por qué me engañasteis los dos?

Mi padre se levantó, me agarró del brazo y me sentó de culo en el sofá.

—Mira, Daniel —dijo, parecía haber recuperado las fuerzas de golpe—. Las cosas no siempre son tan fáciles cuando eres mayor, ¿sabes? Quiero decir que a veces tienes que hacer cosas que no te gustan. Tienes que entenderlo.

—¡Pues no lo entiendo!

—¡Pues tienes que entenderlo! —exclamó, empezaba a ponerse nervioso.

—¿Por qué?

—¡Porque sí!

—¡Me engañaste, papá!

—¡Deja de repetir todo el rato lo mismo, por el amor de Dios! —gritó apartando de una patada la mesilla de café—. ¡Y para ya de lloriquear!

Se fue a mirar los tejados del pueblo a través de la puerta acristalada del balcón y permanecimos los tres callados, él allí de pie, mi madre sentada en una silla detrás de mí y yo de pie junto al sofá. Mi padre respiraba como si se estuviese ahogando. Su espalda subía y bajaba sin parar.

Di media vuelta y salí corriendo de casa.

—¡Danieeel! —me llamó mi madre—. ¡Que la comida ya está casi lista!

Pero yo ya había cerrado la puerta y bajaba de dos en dos las escaleras del edificio.

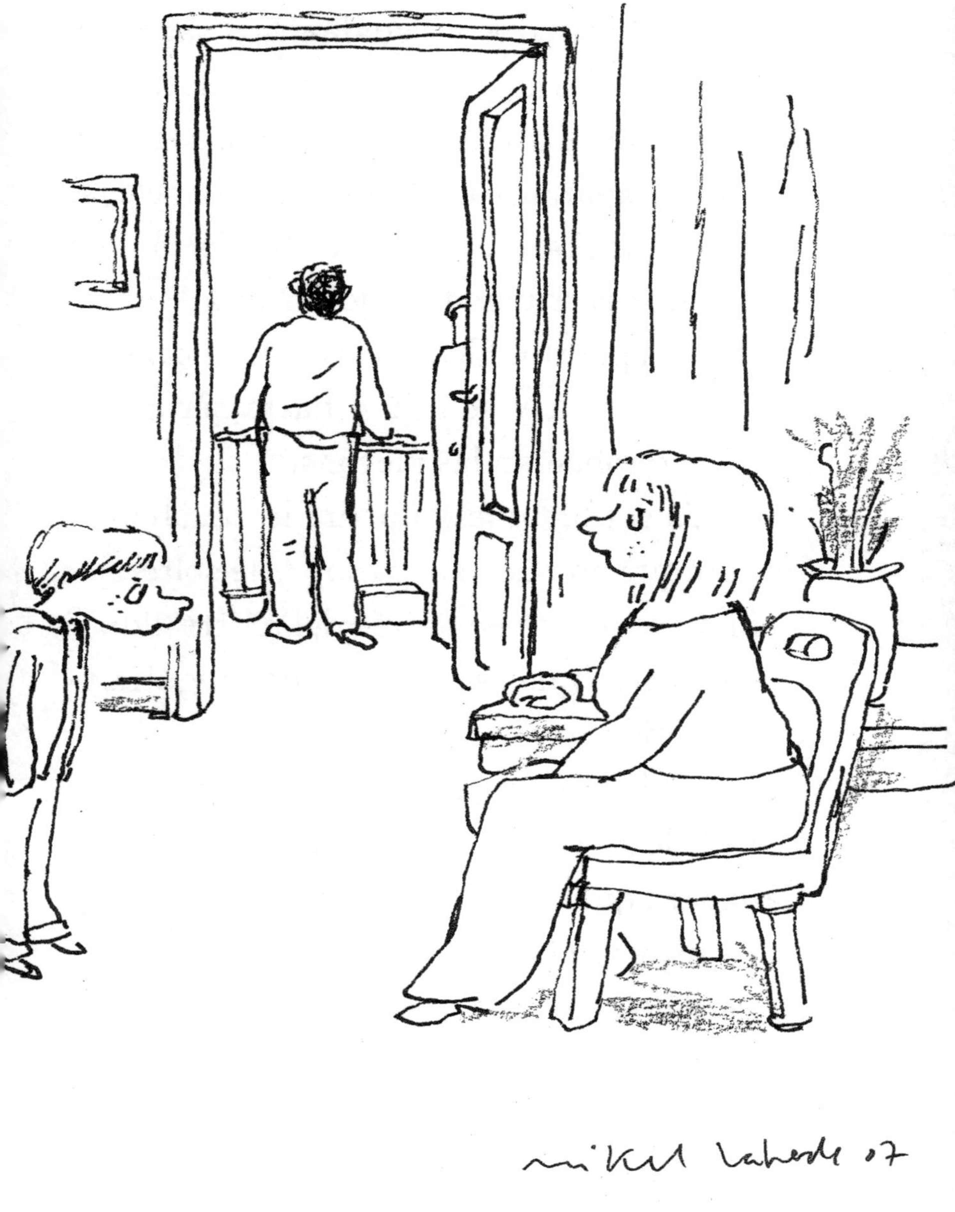

Fui a Manillares y Pedales. Los sábados, el viejo Canabaro cerraba a las dos de la tarde, aún quedaban quince minutos. Me asomé al escaparate. La tienda estaba vacía, el viejo Canabaro se encontraba detrás del mostrador escribiendo algo en una libreta. Empujé la puerta. El viejo levantó la cabeza, dejó de escribir y se irguió hasta ser altísimo. Me temblaban las piernas.

—¿Es verdad que mi padre le devolvió la bici porque no puede pagarla? —le solté.

Él no se movió de detrás del mostrador.

—No creo que eso tengas que preguntármelo a mí.

—¡Me habéis engañado todos! —exclamé.

Salí de la tienda y enseguida oí al viejo Canabaro que venía detrás de mí.

—¡Espera, chico!

—¡Déjeme en paz! —grité sin detenerme.

—¿Vas a lloriquear otra vez?

Me di la vuelta. El viejo Canabaro se detuvo de golpe.

—¡Me engañó! —exclamé—. ¡Me engañasteis todos!

—Te equivocas. Yo no te engañé.

—¡Sí me engañó!

—¡Usa el cerebro, chico! ¿Sabes lo que es el cerebro?

—Tengo que irme —dije reanudando la marcha.

—¿Recuerdas a la señora del otro día?

Me detuve en seco. Estaba ya junto a mi edificio.

—La que el viernes se interesó por tu Mondraker Ventura —aclaró el viejo.

Hice memoria. Claro que me acordaba.

—Quería comprar tu bici —añadió el viejo Canabaro—. Le gustaba mucho, y tenía el dinero en metálico, ¿sabes? Era para un sobrino suyo llamado Walter Pico. Fíjate, me acuerdo hasta del nombre.

—¿Y qué?

—¿Y qué? ¿Dios mío, chico, no hay nadie por ahí que os enseñe a usar el cerebro? —se acercó y se inclinó ligeramente hacia mí—. Le dije a la señora que lo lamentaba mucho por su sobrino, pero que la bicicleta ya estaba vendida. ¿Lo entiendes ahora?

—Pero luego se la vendió a Nestor Lembó.

—¡Porque pensé que si la tenía él, tú la tendrías al alcance de la mano! —sonrió el viejo Canabaro—. ¡Es tu amigo, vais a la misma clase! ¡Pensé que no te resultaría difícil que te la prestara de vez en cuando!

—Yo no la quiero de vez en cuando, ¿vale? ¡La quiero siempre!

—Me temo que eso no va a ser posible, chico. A veces las cosas no son como uno desearía.

—¿Por qué no me dijo que mi padre había devuelto la bicicleta a la tienda?

El viejo Canabaro se irguió y, desde su imponente altura, respondió:

—Ya te he dicho que eso no es asunto mío. Eso es algo entre tu padre y tú.

Me di la vuelta y pulsé el timbre de casa.

—La bici podría habérsela llevado aquella señora —añadió el viejo Canabaro rápidamente—, podría estar ahora quién sabe dónde, en manos de su sobrino, y no habrías vuelto a verla nunca más. Pero resulta que la tiene tu amigo Néstor Lembó. ¿No te parece un golpe de buena suerte? Deberías hacer algo al respecto.

Cuando oí el chasquido del portero automático, empujé la puerta del edificio y entré. Aún oí una vez más la voz del viejo, que me gritaba:

—¡Las ideas mueven el mundo, chico! ¡No lo olvides!

Subiendo las escaleras no pude pensar en otra cosa que en la mentira que me había dicho mi padre. ¿Me habría mentido en algo más? Se me hizo una bola tan grande que ni siquiera pude comer.

9

Al día siguiente, domingo, tuve que ayudar a mi madre a limpiar el cuarto de estar-trastero. Ya te puedes imaginar lo que significa eso: vaciar estanterías, volverlas a llenar, ordenar armarios, tragar polvo, estornudar, ensuciarse las manos y, sobre todo, aburrirse mucho. Terminamos casi a la hora de comer.

Cuando nos sentamos a la mesa, miré de reojo a mi padre. Parecía estar de buen humor. Se había pasado toda la mañana escribiendo cosas en una libreta, consultando papeles y llamando por teléfono a quienes habían sido compañeros suyos en Talleres Matacás. Al empezar a comer dijo:

—Tengo que deciros una cosa.

Mi madre y yo levantamos la mirada del plato al mismo tiempo.

—Quiero pediros perdón —añadió mi padre.

—¿Por qué? —intervino mi madre.

—Porque me he comportado como un idiota —respondió él—. Y os prometo que ya no volverá a pasar. Esta mañana he hecho una lista de empresas del pueblo donde puedo ir a pedir trabajo y empezaré mañana mismo. Algunos de mis compañeros del taller ya lo han hecho y están trabajando.

Mi madre suspiró, alargó la mano y cogió la mano de mi padre. Se sonrieron. Me gustó ver a mi padre en acción.

El viejo Canabaro lo habría felicitado y le habría dicho que las ideas movían el mundo. Eso me hizo pensar en mi Mondraker Ventura. A lo mejor el viejo tenía razón. Quizá sí era un golpe de suerte que la bici la tuviese Néstor. Matemáticamente, y de eso yo entendía bastante, la bicicleta solo estaba a setenta y seis metros de distancia de mí, los setenta y seis metros que separaban mi edificio de la casa de Néstor. Una distancia ridícula, ¿no crees?

* * *

El lunes, nada más salir al recreo, me fui a por Néstor. Lo encontré sentado en un rincón del patio, jugando con las piedrecitas del suelo.

—¿Qué haces aquí solo? —le pregunté.

—Nada —respondió sin levantar la cabeza—. Vete.

—Tenemos que hablar de la bici —dije.

—Yo no quiero hablar de la bici. ¡No me importa la bici!

—Pero ¿qué dices, tío?

—Pues que a lo mejor me quedo sin ella.

—¿Por qué? —pregunté sentándome junto a él.

—¡Porque sí, jolín! —respondió dando una patada al suelo—. Mi padre me ha dicho que si a final de curso no he mejorado con las mates, devolverá la bici al viejo Canabaro.

—A lo mejor lo dice para asustarte.

—No —dijo Néstor moviendo la cabeza—. Lo dice en serio. Mi padre solo piensa en las mates. Dice que si soy malo en mates no podré ser un buen director de banco. Y además —añadió arrojando una piedrecita al aire—, me ha castigado sin fiesta de cumpleaños.

Me dio pena Néstor, siempre tan rodeado de buenos juguetes, con su casa con jardín, con su padre casi rico, y en esos momentos tan triste como yo, o más. Me pareció que su padre había sido muy cruel prohibiéndole celebrar la fiesta de cumpleaños. Pero aún peor era la amenaza de devolver la Mondraker Ventura.

—¡Yo no quiero que... quedarme sin bi... bici! —tartamudeó Néstor metiendo la cabeza entre los brazos.

—Yo tampoco —dije.

Y en ese momento la idea estalló en mi cerebro. ¡Una idea magnífica! ¿Cómo no se me había ocurrido antes?

—No vamos a perder nuestra bicicleta —dije con una sonrisa.

Néstor continuó con la cabeza gacha. Lo sacudí por el brazo.

—¡Escúchame, Néstor! —exclamé—. No vas a perder mi bicicleta, ¿me oyes? ¡He tenido una idea!

Néstor alzó la cabeza y me miró como si yo acabara de decir la mayor tontería de toda la historia de las tonterías.

—¿De... De qué hablas? —preguntó.

—De que vas a mejorar en Matemáticas.

—Estás tonto, Daniel. Solo queda un mes y medio para que termine el cole. No puedo mejorar en tan poco tiempo.

—Tú solo no —admití—. Pero si yo te ayudo, sí.

Un brillo de esperanza iluminó los ojos de Néstor.

—Te ayudaré con las multiplicaciones y las divisiones y te enseñaré a hacerlas —dije—.

En pocos días sabrás hacerlas de maravilla, ya verás.

Néstor permaneció en silencio.

—Y yo, a cambio, solo quiero una cosa —añadí.

—¿Qué? —preguntó él levantando los ojos hacia mí.

—Que me dejes la Mondraker Ventura —contesté con una sonrisa—. Me la dejarás las tardes de los lunes, de los miércoles y de los viernes todo el rato que yo quiera.

—Eso es mucho —se quejó.

—Pues yo creo que es poco, porque la bicicleta es mía y además te quedarás sin ella muy pronto si lo de las matemáticas no funciona.

Néstor permaneció unos segundos pensativo.

—Vale —dijo finalmente—. Te la dejaré los lunes, los miércoles y los viernes todo el rato que quieras.

—¡Perfecto! —exclamé dándole un suave golpe en la espalda—. ¡Vas a ser un matemático de primera! ¿Quedamos el miércoles, pues, para que me dejes la bici?

—Eso es pasado mañana, tío.

—Claro.

—Bueno.

—¿Vienes a jugar con los demás? —pregunté levantándome.

—No —respondió.

10

El miércoles por la tarde bajé a la calle y esperé a Néstor junto a la puerta de su garaje. Sabía que allí, además del coche del señor Lembó, guardaban la Mondraker Ventura. Había quedado con Néstor a las cinco en punto y ya eran las cinco en punto. ¡Me moría de ganas de montar en mi bicicleta! ¡Por fin podría volver a disfrutar de ella!

La puerta del garaje se abrió poco después y apareció Néstor.

—Hola —dijo.

—Llegas dos minutos tarde, tío. ¡Venga, que ya no puedo aguantarme más!

Néstor fue al fondo del garaje y regresó con la bicicleta.

—Toma —dijo entregándomela—. Pero ten cuidado, ¿eh?

Cogí la Mondraker Ventura por el manillar y la empujé hasta el centro de la calle.

—No te preocupes —le dije a Néstor, que seguía junto a la puerta del garaje con cara de preocupación.

Me di impulso con los pedales y me puse en marcha. ¡Fue chulísimo notar otra vez el roce del viento contra la cara! ¡Y esquivar los coches aparcados y recorrer la calle de una punta a otra!

Una de las veces que pasé por delante de Manillares y Pedales vi al viejo Canabaro observándome a través del cristal del escaparate. Lo saludé con un gesto de cabeza y el viejo agitó una mano en el aire mientras me guiñaba un ojo.

Estuve casi dos horas montado en la Mondraker Ventura. Durante todo ese tiempo, Néstor permaneció junto a la puerta del garaje de su casa jugando con el coche-tiburón. Cuando se cansó del coche teledirigido montó en su patinete metálico y recorrió la calle arriba y abajo con aire aburrido. En dos ocasiones coincidió conmigo y los dos nos lanzamos a una carrera hasta la esquina de los contenedores. Las dos veces gané yo.

—¡Esta bici es guapísima! —exclamé al ganar la segunda vez.

Alrededor de las siete me detuve frente al garaje de Néstor y le devolví la bicicleta.

—Bueno —jadeé—, por hoy ya está bien.

Néstor cogió la bicicleta y suspiró de alivio.

—Oye, Néstor —dije sentándome un momento en el suelo del garaje para recuperar el aliento—. ¿Tu padre tiene las herramientas aquí en el garaje?

—Sí.

—¿Dónde?

—En ese armario —respondió señalando con el dedo un armario de color amarillo.

Me acerqué al armario y lo abrí.

—¿Qué vas a hacer? —se alarmó Néstor.

—Ahora lo verás —lo tranquilicé.

Encontré la caja de herramientas, la abrí y rebusqué en su interior. Aparté martillos, destornilladores, tenazas, llaves fijas..., hasta que encontré lo que buscaba.

—¡Aquí está! —exclamé levantando un punzón por encima de la cabeza.

Me acerqué a Néstor, le puse el punzón en la mano y le dije:

—Toma.

Néstor miró el punzón con cara de no saber qué hacer con él.

—¿Para qué me das esto? —preguntó.

—Para que escribas tu nombre debajo del sillín —respondí con una sonrisa—. Nunca se sabe lo que puede pasar. Si nuestros nombres están ahí, todos sabrán que la bicicleta es nuestra.

Entre los dos le dimos la vuelta a la Mondraker Ventura y Néstor grabó su nombre junto al mío. Cuando hubo terminado, nos quedamos un rato mirando los nombres.

Daniel   Néstor

—Hemos hecho un pacto —dije satisfecho.

—Sí —sonrió Néstor.

—Eso quiere decir que somos amigos —me sorprendí yo mismo.

—¡Amigos de verdad!

Néstor levantó una mano y la entrechocamos como hacíamos cuando marcábamos un gol en el patio del colegio. Aproveché la ocasión.

—Pues ¿sabes qué? Ahora que somos amigos de verdad me gustaría que no presumieras tanto de tus juguetes.

—Yo no presumo —se extrañó.

—Sí presumes. Y te pones pesado y se me quitan las ganas de jugar contigo.

—Pues ya no presumiré más.

—Y tampoco quiero que hables mal de mi padre —dije—. Si dices algo malo de él dejaremos de ser amigos, ¿vale?

—Vale. Y tú tampoco presumas de que eres muy bueno en mates.

—Yo no presumo de eso. Lo hice para fastidiarte porque tú me fastidiabas con tus juguetes.

—Vale —asintió Néstor—. Y tienes que dejar de ser tan aburrido. Si te invito a mi fiesta de cumple tienes que venir.

—De acuerdo.

Néstor se levantó, guardó la bicicleta en su sitio, cerramos la puerta del garaje y nos sentamos en el bordillo de la acera.

—¿Sabes qué? —dije—. Ya no me pareces un presumido.

—Ni tú un aburrido —sonrió Néstor.

Nos pusimos a reír y estuvimos un rato hablando de cómo cuidaríamos la Mondraker Ventura a partir de aquel momento, a quién se la dejaríamos y a quién no, etcétera. Cuando empezaba a hacerse tarde, dije:

—Son casi las ocho. Tengo que irme.

Me puse de pie y comencé a alejarme hacia casa.

—¡Eh, Daniel! —me llamó Néstor.

Me detuve.

—¿Qué? —pregunté.

—Recuerda que mañana es jueves y dijiste que los martes y los jueves haríamos mis deberes de mates.

—Claro. Un pacto es un pacto, ¿no? Mañana a las cinco estaré en tu casa.

Al llegar al portal de mi edificio encontré al viejo Canabaro en la acera. Estaba limpiando los cristales del escaparate con un trapo. Me acerqué a él.

—¿Conoces a alguien que le guste limpiar cristales gratis? —me preguntó mirándome de reojo—. A mí ya me cansa una barbaridad.

—No —respondí—. No conozco a nadie.

—Te he visto con la bicicleta —dijo el viejo sin dejar de limpiar el cristal—. Eso quiere decir que lo has conseguido, ¿no?

—Néstor Lembó y yo hemos hecho un pacto.

—Estupendo —sonrió el viejo Canabaro—. Me alegro por ti, Daniel.

Contemplé cómo su mano huesuda subía y bajaba por el cristal.

—Gracias por no haberle vendido mi bici a aquella señora —dije.

El viejo Canabaro dejó de limpiar, se llevó las manos a los riñones y me miró fijamente.

—No hay de qué —dijo—. Supongo que los dos hemos tenido buenas ideas.

—Sí —asentí—. Y las ideas mueven el mundo, ¿verdad?

—Por supuesto, Daniel, por supuesto.

Di dos pasos y lo abracé. El viejo me rodeó con sus largos brazos, olí el olor a metal y grasa y pensé que, a partir de ese momento, cada vez que oliese metal o grasa me acordaría de Canabaro y de la Mondraker Ventura.

—Dime una cosa —dijo apartándose ligeramente—. ¿Cómo supiste que era tu bicicleta y no otra igual?

—Porque cuando me la regalaron escribí mi nombre debajo del sillín.

—¡Demonio de chico! —exclamó el viejo Canabaro, y soltó una carcajada—. ¡Esa sí que fue una buena idea, caramba!

Me despedí de él y lo dejé allí riéndose a gusto.

Entonces me di cuenta de una cosa: por primera vez el viejo Canabaro me había llamado por mi nombre. «Me alegro por ti, Daniel —me había dicho. Y también—: Por supuesto, Daniel, por supuesto».

Me gustó.

* * *

La tarde del jueves ayudé a Néstor a hacer sus deberes de Matemáticas y llegué a casa a las siete y media. Al entrar encontré a mis padres sentados en el sofá del comedor. Recordé de repente la tarde que los había encontrado en esa misma posición y mi madre lloraba porque habían cerrado el taller de mi padre.

—¡Daniel! —exclamó mi padre levantándose de golpe—. ¿Sabes qué es esto? —me preguntó agitando un papel en el aire.

—No —respondí, sorprendido de ver a mi padre tan alborotado.

—¡Una oferta de trabajo! —respondió con una sonrisa que le iba de una oreja a otra—. ¿Entiendes lo que eso significa, Daniel? ¡Vuelvo a tener trabajo!

Me agarró por las axilas y me levantó en el aire.

—¡Vuelvo a tener trabajo! —repitió dando vueltas sobre sí mismo y haciéndome girar a mí con él—. ¡Trabajo! ¡Trabajo! ¡Trabajo!

Aquellos giros me recordaron a alguna atracción del parque de atracciones del Tibidabo. Finalmente, mi padre me dejó en el suelo, me cogió de la mano y me llevó al sofá.

—Siéntate un momento —me dijo.

Me senté. Mi madre estaba contentísima. Mi padre se puso en cuclillas frente a mí.

—No sabes cómo me arrepiento de haberte engañado con lo de la bicicleta, Daniel. Lo hice porque no quería que te avergonzaras de mí. No quería que creyeras que tu padre no era capaz de comprarte una bicicleta. Lo entiendes, ¿verdad?

—¡Claro que lo entiende! —intervino mi madre—. ¡Con lo listo que es mi niño!

Mi padre sonrió, se puso en pie y dijo:

—¿Qué os parece si hoy nos vamos a cenar al Frankfurt Olimpic para celebrarlo?

Me pareció una buena idea, pero a mí me daba vueltas otra cosa por la cabeza.

—Papa, ¿me has engañado alguna otra vez? —se me cayó de la boca.

Mi padre me miró, y te juro que me miró de una manera diferente. No sé cómo explicártelo. Me hizo sentir..., no sé, mayor. Y cuando habló tenía la voz rara.

—En nada más, Daniel —dijo—. Te doy mi palabra. Y nunca más volveré a hacerlo.

Se acercó a mí y me abrazó. Nunca me había abrazado de aquella forma.

—¿Podré pedirme dos hamburguesas con queso? —pregunté. Otra de las comidas que más me gustaban, aparte de las judías verdes, eran las hamburguesas con queso del Frankfurt Olimpic.

Mi padre me agarró por la cintura y me colocó sobre el hombro como si fuese un saco de patatas.

—¡Podrás comerte diez, si quieres! —rio—. ¡Qué puñetas! ¡Podrás comerte todas las hamburguesas con queso que tengan en el almacén!

—Pues no sé si llevamos tanto dinero —dijo mi madre.

—¡Es broma, mamá! —dije colgado boca abajo del hombro de mi padre.

Los tres nos pusimos a reír.

* * *

Néstor consiguió aprobar las matemáticas y les cogió tanto gusto que años después, en la universidad, nos apuntamos juntos para estudiar la carrera de Matemáticas. Ahora trabajamos los dos en el mismo laboratorio de física nuclear.

Mi padre ganó finalmente bastante dinero para poder comprarme la bici, pero yo no quise. Le dije que ya tenía la Mondraker Ventura. Néstor y yo compartimos la bici mucho tiempo, hasta que se nos quedó pequeña y empezamos a golpearnos las rodillas contra el manillar. Ahora la tenemos guardada para el primero de los dos que tenga un hijo. Por supuesto, cuando se la regalemos le diremos que escriba su nombre junto al nuestro.

Y por cierto, si tienes bici, será mejor que tú también escribas tu nombre en algún lugar secreto. Por ejemplo, debajo del sillín. Nunca se sabe lo que puede pasar.

¡Ah, se me olvidaba! Mi padre nunca más volvió a mentirme.

Aquí acaba este libro
escrito, ilustrado, diseñado, editado, impreso
por personas que aman los libros.
Aquí acaba este libro que tú has leído,
el libro que ya eres.